乡村振兴下我国农村金融秩序重构："三驾马车"的协同机制探索

张令骞　牛晓光　著

华南理工大学出版社
SOUTH CHINA UNIVERSITY OF TECHNOLOGY PRESS

·广州·

图书在版编目（CIP）数据

乡村振兴下我国农村金融秩序重构："三驾马车"的协同机制探索／张令骞，牛晓光著. ——广州：华南理工大学出版社，2025.1. ——ISBN 978-7-5623-7873-0

Ⅰ. F832.35

中国国家版本馆 CIP 数据核字第 20258JB261 号

Xiangcun Zhenxingxia Woguo Nongcun Jinrong Zhixu Chonggou："sanjiamache" de Xietong Jizhi Tansuo
乡村振兴下我国农村金融秩序重构："三驾马车"的协同机制探索
张令骞　牛晓光　著

出 版 人：房俊东
出版发行：华南理工大学出版社
　　　　　（广州五山华南理工大学 17 号楼，邮编 510640）
　　　　　http://hg.cb.scut.edu.cn　E-mail：scutc13@scut.edu.cn
　　　　　营销部电话：020-87113487　87111048（传真）
责任编辑：陈　超
责任校对：詹伟文
印 刷 者：广州一龙印刷有限公司
开　　本：787mm×960mm　1/16　印张：13.75　字数：222 千
版　　次：2025 年 1 月第 1 版　印次：2025 年 1 月第 1 次印刷
定　　价：58.00 元

版权所有　盗版必究　　印装差错　负责调换

内容简介

《乡村振兴下我国农村金融秩序重构:"三驾马车"的协同机制探索》是一部深入剖析农村金融现状、问题与未来发展方向的学术专著。作者以其丰富的经济学、金融学和农村发展研究背景,结合长期亲身实践,对我国乡村振兴战略下的农村金融秩序重构进行了系统性研究。

本书聚焦于农村金融在乡村振兴中的关键作用,以及如何通过政策、市场和金融三方面的协同合作来优化农村金融秩序。在探讨乡村振兴与农村金融的辩证关系时,书中深入分析了农村金融政策实施所需的生态环境,包括政策支持、法律环境、金融监管等方面,并对农村金融实施模式、体系构成与业务种类进行了详尽梳理。

面对农村金融领域存在的主要问题,作者不仅进行了深刻的审视和解析,指出我国现有的农村金融体系和供给模式与乡村振兴宏观政策的不协调与不匹配。书中特别强调了农村金融"三驾马车"——政策性金融、农村信用合作金融和商业性金融的协同机制,探讨了如何通过职能调整和体系重建,实现农村金融服务与乡村振兴政策的有效对接。

在探索农村金融协同机制的过程中,作者提出了构建农村金融各机构间协同关系的五项原则及农村金融与乡村振兴二者的八大协调均衡建议,并设计了具体的协同环境搭建和关系结构,重构了功能全面、互补性强的农村金融体系,以促进金融资源的优化配置和提升金融服务效率,支持乡村振兴的可持续发展。

最后,本书提出了建立农村金融长效机制的多项建议,包括激励与约束机制、风险补偿机制、监管与协调机制等,并展望了新体系下我国农村金融的发展前景,为实现农业强、农村美、农民富的宏伟目标提供了理论指导和实践参考。

《乡村振兴下我国农村金融秩序重构:"三驾马车"的协同机制探索》不仅为学术界提供了宝贵的研究资料,也为政策制定者、金融机构和农业企业提供了实用的信息和决策支持,是一部具有重要学术价值和社会意义的专著。

自 序

在这个充满挑战与机遇的时代,我有幸投身于乡村振兴这一宏伟事业,并以我的所思所感,以及对农村金融秩序重构的深入研究,凝结成这部专著。在此,我以作者的身份,向您呈现这部作品的序言,希望通过我的笔触,能够引起您对农村金融现状与发展的共鸣。

自党的十八大以来,我国对"三农"问题的重视程度不断提升,党的十九大更是将乡村振兴上升为国家战略。在这一大背景下,农村金融作为推动农业现代化、促进农村经济社会发展的关键力量,其重要性不言而喻。近几年来,我国不断加大金融支农力度,金融资源持续向"三农"倾斜,截至2023年末,本外币涉农贷款余额已达56.6万亿元,同比增长14.9%,其中全国普惠型涉农贷款余额12.59万亿元,同比增长20.34%。

然而现实情况并不理想,我国农村金融仍存在较多突出问题,制约着农村金融的进一步发展。长期以来,我国农村金融的供给体系建设与时代的要求并不完全匹配,曾经设定的"三位一体"的供给格局在不断地遭到侵蚀和破坏。农村信用社已经失去了合作性金融的基本属性,政策性金融现有的职能和业务范围与其身份和使命不相称,商业性金融在农村地区既消极被动又无序竞争，各类金融机构各自为战，既不互补，又无合作，降低了金融效率和支农效率，造成与乡村振兴政策的匹配失衡及诸多方面的不协调。

面对这些挑战，我们必须深刻反思并寻求解决方案。本书旨在探索农村金融秩序的重构之路，将从乡村振兴与农村金融的辩证关系出发，深入分析农村金融政策实施所需的生态环境，探讨农村金融实施模式、体系构成与业务种类，审视当前农村金融存在的主要问题，剖析其成因，在借鉴国外农村金融发展经验的基础上，通过扩展农业政策性金融职能，建立新型农村合作金融架构，重新布局商业性金融涉农业务，探索建立功能全面、互补性强的农村金融体系，构建农村金融的协同机制，实现农村金融与乡村振兴政策诸方面的协调均衡，提升金融覆盖和资源配置效率，支持乡村振兴的可持续发展，实现农业强、农村美、农民富的愿景。实现乡村振兴不仅依赖于政策层面的精心规划与顶层设计，还亟须制定并推出《乡村振兴战略规划（2018—2022年）》的延续性指导方案，确保政策的连贯性与稳定性；同时需要对《中华人民共和国乡村振兴促进法》进行必要的修订，明确法律的约束对象、处罚标准，并融入金融元素，以提升法律的针对性和可执行性等。此外，这一进程还需要金融机构、农业企业、合作社等各方的积极参与和通力合作，共同推动乡村振兴战略的深入实施。

作为经济学、金融学、农村发展研究等领域的学者和研究人员，我深知自己的责任与使命。本书不仅希望能够为学术界提供参考，为政府决策者提供理论支持，为金融机构和农业企业提供实用信息，更希望能够激发广大公众对农村金融和乡村振兴的关注与思考。通过这部专著，我希望能够为我国农村金融的发展提供一份思考和探索，为乡村振兴战略的实施提供一份参考和支持。我相信，通过我们的共同努力，一定能够找到一条适合我国国情的农村金融发展之路，为实现农业强、农村美、农民富的宏伟目标贡献力量。

在这部专著的撰写过程中，我也深刻认识到，农村金融的发展不仅仅是经济问题，更是社会问题，它关系到亿万农民的福祉，关系到农村经济的繁荣和社会的稳定。因此，农村金融的改革和发展，需要我们从更广阔的视角

自 序

来审视，需要我们综合运用经济学、社会学、法学等多个学科的理论和方法，以期找到更为科学、合理、有效的解决方案。同时，我也意识到，农村金融的发展离不开政策的支持和引导。政策的制定和实施，需要充分考虑农村金融的特点和需求，需要充分调动各方面的积极性，需要充分激发市场的活力。因此，我在本书中，也将对政策的制定和实施提出自己的见解和建议，希望能够为政策的完善和优化提供参考。

本书的撰写，是一次深刻的自我挑战，也是一次宝贵的学习机会。在研究过程中，我深刻体会到农村金融问题的复杂性和多维性，以及解决这些问题所需的跨学科知识和综合能力。我试图从政治、经济、社会、文化等多个角度，全面审视农村金融的现状和问题，以期为乡村振兴提供更为全面和深入的金融支持。

我期盼本书能够引起更多人对农村金融和乡村振兴的关注，能够激发更多人对农村金融改革和发展的思考，能够汇聚更多人的智慧和力量。在这部专著的撰写过程中，我始终坚持以严谨的学术态度深入分析问题，探索解决方案。然而，由于个人水平和时间的限制，疏漏和错误在所难免。我诚挚地希望广大读者提出批评并给予宝贵的意见和建议，以共同推动我国农村金融事业的发展。

谨以此序，向所有曾经关心和支持以及正在关心和支持农村金融发展的人们致以最崇高的敬意！

张令骞
于 2024 年父亲节

目 录

1 导 论

1.1 农村金融研究的问题与意义 … 2
    1.1.1 问题的提出 … 2
    1.1.2 研究的意义 … 6

1.2 农村金融研究的现状与评述 … 8
    1.2.1 农村金融研究现状 … 8
    1.2.2 农村金融研究评述 … 10

1.3 农村金融研究的理论基础 … 11
    1.3.1 不完全竞争市场论 … 11
    1.3.2 互动协调理论 … 13
    1.3.3 金融伦理理论 … 15
    1.3.4 公益精神理论 … 17
    1.3.5 合作经济理论 … 18
    1.3.6 市场失灵和政府干预理论 … 19
    1.3.7 可持续发展理论 … 20

1.4 本书的有关说明 … 22

2 机理与渠道：乡村振兴下农村金融的作用施展

2.1 乡村振兴与农村金融的辩证关系 … 26
    2.1.1 乡村振兴与农村金融的共同属性 … 26

  2.1.2 乡村振兴提高了农村金融的战略地位   30
  2.1.3 农村金融是支持乡村振兴的重要要求与路径   35
  2.1.4 农村金融与乡村振兴的协同机制   40
2.2 农村金融政策实施所需的生态环境   46
  2.2.1 政策支持与法规环境   46
  2.2.2 金融监管与风险控制   47
  2.2.3 金融机构与服务网络   48
  2.2.4 农户与农业企业的金融素养   49
  2.2.5 市场机制与合作机制   50
  2.2.6 科技应用与创新   52
  2.2.7 社会环境与文化因素   53

3　模式与绩效：乡村振兴下农村金融的现状

3.1 农村金融政策梳理   56
  3.1.1 国家层面农村金融政策   56
  3.1.2 地方政府支持农村金融政策   63
3.2 农村金融实施模式   67
3.3 农村金融体系构成及业务种类   69
  3.3.1 农村金融供给体系构成   69
  3.3.2 农村金融业务种类   71
3.4 农村金融实施绩效   73
  3.4.1 农村金融宏观绩效   73
  3.4.2 农村金融微观绩效   75
  3.4.3 相关说明   77

4 问题与解析：乡村振兴下农村金融的审视

4.1 农村金融存在的主要问题　　82
4.1.1 顶层设计层面的问题　　82
4.1.2 实施层面的问题　　85
4.1.3 微观层面的问题　　89

4.2 农村金融主要问题解析　　91
4.2.1 决策层面的问题解析　　91
4.2.2 执行层面的问题解析　　97
4.2.3 微观层面的问题解析　　101
4.2.4 金融机构与监管部门的博弈　　105

5 地位与使命：农村金融体系的改造与重构

5.1 农村金融供求市场现状剖析　　114
5.1.1 农村金融需求分级与分层　　114
5.1.2 农村金融供求错配　　116
5.1.3 农村金融供给盲区　　118

5.2 农村金融"三驾马车"的履职评价　　120
5.2.1 政策性金融　　120
5.2.2 农村信用合作金融　　128
5.2.3 新型农村合作金融　　133
5.2.4 商业性金融　　139

5.3 农村金融"三驾马车"的职能调整　　146
5.3.1 农村金融供给要与"三农"的需求相适应　　146
5.3.2 农村金融体系调整的原则　　148

5.3.3	政策性金融机构的职能拓展与业务调整	149
5.3.4	现存农村合作金融组织的整合与体系重建	154
5.3.5	商业性金融机构涉农业务的引导与规范	156

6 和谐与提升：农村金融协同机制的探索与应用

6.1	农村金融服务与乡村振兴政策的错位	162
6.2	农村金融与乡村振兴的八大协调均衡	164
	6.2.1 政策地位协调均衡	164
	6.2.2 供给体系协调均衡	165
	6.2.3 贷款规模协调均衡	166
	6.2.4 地域与人口覆盖面协调均衡	167
	6.2.5 普惠程度协调均衡	168
	6.2.6 可持续性协调均衡	169
	6.2.7 创新与技术协调均衡	170
	6.2.8 监管与市场协调均衡	171
6.3	农村金融各机构间协同关系的构建	172
	6.3.1 建立农村金融市场协同关系的五项原则	173
	6.3.2 农村金融各机构间协同环境的搭建	173
	6.3.3 农村金融市场协同关系设计	175

7 建议与展望：我国农村金融长效机制的建立

7.1	建立农村金融长效机制的政策建议	184
	7.1.1 建立农村金融机构激励与约束机制	184
	7.1.2 建立农村金融机构风险补偿机制	185

7.1.3	建立农村金融机构监管与协调机制	186
7.1.4	建立农村金融机构帮扶与救助机制	188
7.1.5	建立农村金融的创新机制	189
7.1.6	进一步完善农村信用体系	191
7.1.7	加强农村金融相关法治建设	192

7.2 我国农村金融助力乡村振兴前景展望   194

参考文献   197

1 导 论

1.1 农村金融研究的问题与意义

1.1.1 问题的提出

党的二十大报告勾勒出了到 2035 年基本实现社会主义现代化，进而在 21 世纪中叶建成社会主义现代化强国的宏伟蓝图。全面建设社会主义现代化国家，既是伟大事业，亦是艰巨任务，对其长期性、复杂性需有充分认知。尤其需看到，农业、农村、农民问题仍是关乎国计民生的根本问题，也是我国发展不平衡不充分的集中体现。全面建成小康社会、全面建设社会主义现代化国家的艰难重任均在农村。

自党的十八大以来，以习近平同志为核心的党中央将解决好"三农"问题视为党的工作的重中之重。在 2020 年我国取得脱贫攻坚战全面胜利、解决农村贫困问题之后，党中央再次着眼国家现代化目标，开启实施乡村振兴、促进农民农村共同富裕的新征程。随着《中华人民共和国乡村振兴促进法》全面实施，乡村振兴战略已成为新时代"三农"工作的总抓手，我国农业农村发展面貌正在发生积极变化。在这些积极变化中，农村金融的作用不可或缺。在全面建设社会主义现代化国家新征程上，农业农村是主阵地，农村金融既大有可为，现实也对它提出了更高的要求。

现代化转型意味着农业的产业结构、技术水平、产品质量、价值链分工、组织形态、配套服务、产业协同等全面升级，意味着对金融服务要求更高。当前，我国已有 100 多万个家庭农场、220 多万个农民合作社、89.3 万个农业社会化服务组织、9 万个农业龙头企业，亟须金融机构围绕农资采购、农业生产、农产品仓储销售等环节发展农业产业链金融，并促进相关服务整合，形成协同效应。建设美丽乡村和推进城乡融合发展、农村一二三产业融合发展，使农村产业结构日益多元化、产业价值链持续提升、城市功能逐步向农村延伸。面向城市消费者的乡村旅游、休闲、度假等服务业快速增长，为农

1 导 论

民在第三产业就业创业提供了新渠道,亟须金融机构跟进创新产品和服务。

在进一步实现共同富裕和乡村振兴过程中,需要更多关注农民收入稳定增长问题。一方面,金融机构要主动创新产品和服务,降低农业经营风险,稳定农民收入;另一方面,金融机构要适应农民收入水平提高后的投资消费行为变化,及时创新相关服务。

金融支持乡村振兴无疑有积极的正向作用,近几十年来,尤其是进入21世纪以来,我国高度重视在农村的金融布局,农村金融在乡村振兴中起到了至关重要的作用。

在支持乡村产业发展方面:农村金融通过提供贷款、投资等金融服务,支持农业产业升级和农村企业的发展,推动农村经济的转型升级。

在促进农民增收致富方面:完善的金融服务体系可以提高农民的融资便利性和信用度,帮助他们获得生产和生活所需的资金支持,从而改善生活条件和增加收入来源。

在推动农村基础设施建设方面:农村金融支持农村基础设施建设,如道路、水利设施等,提升农村公共服务水平,为乡村振兴提供物质基础。

在提升农村公共服务水平方面:通过金融服务的改进和创新,提升乡村治理能力,促进基层党建工作和农村社区建设,形成共建、共治、共享的乡村治理格局。

在助力乡村振兴战略实施方面:农村金融作为乡村振兴战略的重要组成部分,通过金融杠杆作用,撬动更多社会资源投入乡村振兴事业,为实现农业农村优先发展提供有力支撑。

在增强农村内生动力方面:通过激发农民的内生动力和创新精神,引导他们积极参与乡村产业发展和社会治理,形成乡村发展的良性循环和可持续发展。

在推动城乡融合发展方面:农村金融的高质量服务可以促进城乡要素的自由流动和优化配置,实现以工促农、工农互惠发展。

另外,农村金融在深化金融与产业融合发展、加强金融知识普及教育等其他诸方面都起到了积极作用。

2005年起我国开启新农村建设，提出了"生产发展、生活富裕、乡风文明、村容整洁、管理民主"的总要求，2017年党的十九大报告提出"乡村振兴"战略，后又提出"全面推进乡村振兴，加快农业农村现代化"。但从实践来看，我国农村金融似乎并没有紧跟上新农村建设和乡村振兴的步伐，尤其是2003年掀起的新一轮农村信用社改革，一直延续到最近几年，使得我国合作金融逐步脱掉了合作的外衣，最终走向商业化。这是农村信用社继中国农业银行、邮政储蓄银行之后农村金融机构的又一次"离乡进城"，农村信用社在乡村振兴中最需要发挥合作金融作用的时候却走向了与预期目标相反的道路，令人遗憾！

由于渐进失去了合作的性质，农村信用社的商业化给农村金融及"三农"的发展带来的隐形的、负面的效应逐步加剧，这种负面效应被涉农贷款总规模的增长掩盖了，也被农村信用社改革浪潮的呐喊助威声淹没了。由于合作金融具有内生性和不可替代性，它的商业化为金融"三农"发展和乡村振兴埋下了隐患。尽管新型合作金融组织数量众多，但因种种原因大都处在奄奄一息、名存实亡的境地，担当乡村振兴合作金融的大任根本无从谈起。

对各家银行业金融机构实行普遍性涉农贷款的考核，是金融管理部门为适应乡村振兴战略的主要举措，但把金融机构与社会责任捆绑在一起，尤其是强制向商业银行下达涉农贷款指标，既不符合商业银行经营原则，也与"三农"问题和乡村振兴的长期性相悖，印度历史上曾强制商业银行在农村设立网点导致其失去竞争力和活力，为全世界提供了教训，而我们却在重蹈它的覆辙。1994年实施的金融体制改革的重头戏之一，就是剥离商业银行的政策性业务，使商业银行成为真正的市场主体。国家开发银行、中国农业发展银行和中国进出口银行就是专门从事原中国建设银行、中国银行和中国农业银行剥离出来的政策性业务。然而，近十几年来，由于国家层面的乡村振兴及普惠金融政策的发布，我国商业银行和政策性银行的边界再度模糊，众多的商业银行机构被动承担了诸多政策性业务，政策性银行也主动涉足商业性业务，这种状况与金融体制改革前的金融机构何其相像，真是耐人寻味。

我国政策性银行成立的初衷是接管并执行原三家国有银行的政策性业务，

1 导 论

决策层和金融管理部门对三家政策性银行的规划与发展并没有清晰的思路，也没有相应的"政策性银行法"可遵循。中国农业发展银行作为一家农业政策性银行，虽然宣称是"建设新农村的银行"，但因囿于业务范围，距离建设新农村的要求却很遥远，与国外典型国家相比，我国农业政策性金融的诸多功能都不具备。合作金融的商业化、商业性金融涉农业务的指标化、政策性金融的虚名化，农村金融的"三驾马车"已残缺不全了。

从农村金融体系来看，各金融机构之间不但缺乏分工，更无协同效应，甚至在狭窄的领域又充满同质的恶性竞争。目前的这种农村金融体系既与"三农"的需求不匹配，又与乡村振兴的战略不协调，如何保证农村金融的可持续发展，打造具有潜力与稳定的农村金融体系？在涉农贷款增长的背后，确实需要冷静而深入地思考。

在剖析我国现有农村金融体系、探讨我国农村金融体系的优化与改进时，我们不妨回顾一下小学二年级的寓言故事《天鹅、梭子鱼和虾》（北师大版，小学语文教材第三册，第十四课）。这个故事虽然简单，却蕴含着深刻的团队协作和分工合作的道理，这与当前我国农村金融体系中存在的问题有着惊人的相似之处。

故事中，天鹅、梭子鱼和虾各自拥有不同的优势：天鹅飞翔于天空，梭子鱼游弋于水下，而虾则在地面上爬行。它们决定共同拉一辆小车，但因为各自朝着不同的方向用力，结果小车纹丝不动。到底为什么会出现这种局面？人们不禁会产生一系列疑问：

问题一：天鹅、梭子鱼和虾是否是拉车的最佳组合？

问题二：天鹅、梭子鱼和虾的力量是否能够满足拉车的需要？

问题三：天鹅、梭子鱼和虾各自的力量对比是多少？

问题四：天鹅、梭子鱼和虾之间是竞争对手还是同舟共济的朋友？

问题五：天鹅、梭子鱼和虾站位有没有设定？有没有考虑"特长"等问题？

问题六：天鹅、梭子鱼和虾拉车是临时任务还是长期任务？如果是后者它们能否坚持？

进一步地，提出如下疑问：

问题七：天鹅、梭子鱼和虾如果没有激励奖赏，它们有无怨言？能不能坚持到终点？

问题八：天鹅、梭子鱼和虾因承担拉车任务而耽误了自己更重要事情的情况有没有考虑？其损失谁来弥补？

问题九：天鹅、梭子鱼和虾是否有偷懒耍滑的行为？

问题十：为了保证小车前进方向，为何不明确一位"驾辕"角色？

问题十一：小车纹丝不动，天鹅、梭子鱼和虾该承担什么责任？

问题十二：小车纹丝不动，管理者该承担什么责任？

上述问题，可以对应我国农村金融的现实问题，有些问题是重要而关键的，且是必须面对和必须解决的问题。

小学二年级语文教材中另一篇课文《我要的是葫芦》（人教版，小学语文教材第三册，第十八课），讲述的是一个农夫只想要葫芦，却忽视了葫芦生长的藤蔓和土壤的故事。他只关注葫芦本身，而没有意识到葫芦的健康成长依赖于整个生态系统的平衡。最终，由于缺乏对整体的关注，葫芦枯萎了。我国农村金融体系的设置存在较大的制度缺陷，缺乏分工和协同效应。这与乡村振兴的宏观政策既不匹配也不协调，就像寓言中的农夫只关注葫芦，而忽视了葫芦生长的藤蔓和土壤。顶层设计的核心在于构建一个协调一致、分工明确的金融体系。然而，当前的农村金融体系缺乏这样的设计，导致金融机构之间的合作不足，金融服务无法形成合力，难以有效支持乡村振兴。

本书的着眼点和目标在于，通过对我国农村金融体系及其实践的考量，纠正我国农村金融体系目前存在的问题，探索"三驾马车"协同机制，重构更为合理、更有效率的农村金融体系，扩展农村金融覆盖面，提高金融资源配置效率，使农村金融与乡村振兴在诸方面都实现协调均衡，为"三农"提供稳定、可靠与长久的金融支持，更有力地助推乡村振兴和共同富裕。

1.1.2 研究的意义

探讨农村金融秩序重构，建立协同高效的农村金融体系，对于促进乡

1 导 论

振兴战略的有效实施和推动农业农村现代化具有重要的理论和现实意义。

1.1.2.1 理论意义

第一,深化了对农村金融供给体系运行机制的认识。本书深入分析了现有农村金融体系中商业银行、政策性金融、农村合作金融等三类主体的作用及互动关系,揭示出其中存在的不合理性和矛盾,为重构农村金融秩序奠定了理论基础。

第二,借鉴国外经验,提出构建"三驾马车"协同机制的新思路。以往对农村金融体系的研究多局限于单一主体,缺乏系统性。本书站在整体视角,借鉴国外先进经验,提出建立政策性、商业性和合作性三类金融主体互动协调的新型农村金融体系框架,并结合实践对"三驾马车"的职能与业务进行了差异化的调整,设计了我国农村金融市场协同关系,具有创新性。

第三,运用"互动协调理论",丰富了农村金融组织协同研究的理论资源。"互动协调理论"为不同性质金融主体实现优势互补、错位发展和良性互动提供了行之有效的分析工具,可推动该领域理论研究的深入。

1.1.2.2 现实意义

第一,有助于解决现有农村金融供给体系中存在的深层次矛盾和问题,优化农村金融资源配置,提高农业农村金融服务质量和覆盖面,更好服务乡村振兴。

第二,为重塑政策性金融机构定位、扩大供给能力,恢复真正意义上的农村合作金融,规范商业银行有序参与农村金融提供了政策建议,可为农村金融改革提供借鉴。

第三,建立以"三驾马车"为主体的新型农村金融体系整体框架和协同机制,有利于各类金融主体错位发展、各尽其责、优势互补,形成农村金融供给的合力,为实施乡村振兴战略提供有力金融支撑。

1.2 农村金融研究的现状与评述

1.2.1 农村金融研究现状

一直以来，我国农村金融的发展问题受到学界与实务界的普遍关注，专家学者各抒己见，形成了诸多研究成果。

（1）农村金融体系构建方面

孙志娟（2011）指出，尽管由政策性金融、商业性金融和合作性金融构成的"三足鼎立"的农村金融体系已在我国农村地区初步建立，但仍需进一步完善。她建议根据各地区的经济状况，实施"三足鼎立"的农村金融体系构建策略。刘卫柏（2012）同样建议根据地区的经济水平，进行多元化农村金融机构的建设，并在政策性金融、商业性金融与合作性金融之间寻求适当的平衡。陈尊厚等（2013）提倡引入更多金融机构参与农村市场，以培育一个功能齐全的农村金融市场，并通过机构间适度的竞争，促进对"三农"服务水平的不断提升。潘宗英（2015）分析了我国农村金融"三元架构"模式的现状和问题，并提出该模式应实现功能上的协同，允许不同金融组织之间根据实际情况进行功能上的互补和交叉。杜婕等（2016）探讨了农村金融体系设计的多种方法和模式，重点分析了农业、农村和农民的金融需求，并建议构建一个包含政策性、商业性和合作性金融的一体化、多层次农村金融体系框架。王劲屹（2019）通过比较罗尔斯的正义论和边沁的功利主义，提出了以公平正义为核心原则的独立农村金融体系框架。慕慧娟等（2021）从金融服务支持乡村振兴战略的角度出发，分析了农村金融市场，并指出商业银行在对待"三农"问题上存在的差异性，这不利于金融资源在城乡间的流动，因此建议金融机构应发挥各自的优势，实现互补。杨宜周等（2023）从普惠金融的角度分析了我国农村金融服务体系供需失衡的问题，并建议应平衡供需关系，合理设置金融网点，以促进金融服务向农村地区延伸。宋歌（2024）

采用因素分析法对我国金融服务体系的现状进行了分析,并提出了建立产业合作平台、完善数据共享机制和创新产品服务模式等三大优化策略,旨在构建一个更加完善的多层次金融服务体系。

(2) 政策性金融的功能拓展方面

何佳(2011)观察到,中国农业发展银行作为一家政策性银行,其职能较为局限,导致对农村经济发展的投入有所减少,进而减弱了在信贷支持农业方面的作用。孙志娟(2011)则着重提出政策性金融在农村金融体系中扮演的关键角色,并建议政策性金融机构应在基层建立分支机构,以便更有效地推进农村扶持工作。刘卫柏(2012)建议政策性农村金融机构应基于满足农村需求的原则来确定其市场定位,特别关注非盈利的公共部门及农村中的边缘群体。牛晓丹等(2019)提出,为了补充财政投资的不足和缩小金融资金供给的缺口,应建立政策性金融机制,并借助政府信用实施多元化融资政策和优惠利率,以更好地服务农业经济发展。马九杰(2023)进一步指出,中国农业发展银行和国家开发银行应更明确地界定其政策性职能,优化政策性业务结构,并开发出更多符合乡村振兴多样化需求的金融产品和服务,以更有效地支持国家乡村振兴战略的实施。

(3) 合作性金融的改造方面

何佳(2011)提出,农村合作性金融以低成本和低风险性为特点,能够以较低的利率提供贷款,特别是在我国西部等广大农村地区,发展农民合作基金会对于发挥农村金融的自身作用至关重要。刘卫柏(2012)强调,合作性金融构成了中低收入农户满足金融需求的基础保障,建议我国农村合作性金融机构应主要服务于农村市场中收入中等偏下及中等收入的农户,以满足他们对于小额营运资金、住房消费资金和农业生产资金的需求。潘宗英(2015)指出,尽管农村信用社作为农村合作性金融组织的典型代表,在支持农业和网点覆盖方面表现突出,但其潜力尚未完全发挥,需要进一步提升效率,建议其与中国农业发展银行进行有效"嫁接"。沈继奔等(2021)建议开发性金融应在政府与市场之间架起桥梁,整合区域内的农民专业合作社,建立完善的农村合作金融体系和制度,为农村合作金融注入大额、长期且成本稳定的资金，从而扩大其资金规模。王劲屹（2019）针对农村信用社面临的政府过度干预和内部人控制问题，建议制定"农村合作金融法"，以法律手段确保农村金融体系的独立运作。

1.2.2 农村金融研究评述

（1）研究背景与问题定位方面。现有文献对农村金融体系的"三驾马车"——政策性金融、合作性金融和商业性金融——进行了一定程度的探讨。然而，针对农村金融与乡村振兴政策不匹配的问题，现有研究似乎并未充分结合乡村振兴这一宏观背景进行深入分析。此外，对于农村信用社商业化后的新定位，现有研究也未给予足够的关注和更新，这导致了研究与实际脱节。

（2）农业政策性金融改造的探讨方面。从文献梳理来看，现有的研究提出了政策性银行如中国农业发展银行在农村金融体系中的作用有所弱化。本书强调扩展政策性金融职能的重要性，这与现有文献中提出的政策性金融功能拓展方向一致。现有研究建议政策性金融机构需更明确职能定位，开发符合乡村振兴需求的产品和服务，这与本书的主张相近，但现有研究未对如何结合实践对政策性金融的职能和业务进行调整加以详细探讨。

（3）商业性金融的涉农贷款方面。现有研究在分析商业性金融在农村金融领域作用时特别是在考量商业银行涉农业务模式和考核机制方面存在缺失，忽视了涉农贷款指标与商业银行竞争力之间的关系，因而并没有对这种模式提出质疑，更没有提出商业银行承担政策性业务的问题所带来的后果，以及重蹈了金融体制改革前的覆辙。本书为农村金融体系中商业性金融的角色和功能提供了新的视角，并对现有模式提出了有力的质疑和改进建议。

（4）合作性金融的改造与评价方面。现有文献对合作性金融的讨论多集中在其对农业支持的作用和效率提升上。然而，对于合作性金融在不同地区，尤其是发达地区的适用性和作用，现有研究尚未给出全面的评价。本书提出了合作性金融不仅适用于贫困或欠发达地区，也适用于发达地区，这一观点为合作性金融的研究提供了新的视角。

（5）三者融合与相互作用的分析。现有研究对于"三驾马车"之间的融合和相互作用有所探讨，但似乎缺乏对于如何实现这些金融机构间协同机制的深入分析。本书提出了设计协同机制，建立互补性强的农村金融体系的观点，并结合实践设计了我国农村金融市场的协同关系。

（6）金融机构与政府的协同方面。现有研究提出了搭建产融合作平台、完善数据共享平台的建议。本书在此基础上进一步细化了合作平台的运作机制，以及建立与各家农村金融机构间的互动关系，这是现有研究中尚未涉及的内容。

此外，现有研究在分析农村金融问题时，除了忽视乡村振兴政策背景的影响，以及农村信用社商业化后的新情况外，还过于依赖理论分析，缺乏实证研究的支持。对于政策性和合作性金融改革的研究，案例研究的应用不足，这限制了研究的深度和广度，在系统性和全面性方面存在不足，未能充分考虑农村金融与乡村振兴政策的协调，也未能全面分析合作金融在不同地区的作用和潜力。

现有农村金融研究为理解农村金融现状提供了宝贵信息，但在结合乡村振兴政策背景、适应农村信用社商业化新情况以及深入探讨合作金融的适用性等方面，仍有很大的研究空间。本书为后续工作提供了新的视角和方向，有助于推动农村金融体系的重构，以更好地支持乡村振兴战略的实施。

1.3 农村金融研究的理论基础

1.3.1 不完全竞争市场论

不完全竞争理论是经济学理论中的一个重要组成部分，主要是指市场结构既不是完全竞争，也不是完全垄断的一类市场形态。这类市场结构通常包括垄断竞争市场、寡头竞争市场等类型。在这类市场中，参与市场活动的企业或者个体能对价格产生一定的影响，不同于完全竞争市场中的价格接受者的角色。在农村金融领域，不完全竞争的理论尤为显著，因为农村金融市场的特殊性使得其运行机制和市场结构呈现出与城市金融市场不同的特点。

1.3.1.1 不完全竞争理论与农村金融

(1) 市场结构

在农村金融市场中，金融机构数量有限且分布不均，农村地区的金融服务往往由少数几家机构提供，形成了类似寡头竞争的市场格局。此外，由于金融机构对农业信贷风险的厌恶，使得很多金融产品和服务缺位，农民群体的金融需求得不到充分满足。不完全竞争理论可以帮助我们分析金融机构在农村市场中的定价行为、产品差异化战略、市场进入和退出决策等。

(2) 信息不对称

在不完全竞争市场中，信息不对称现象比较普遍。在农村金融市场，金融机构往往难以充分获取贷款农户的信用信息，增大了信贷风险，而农户也难以获取到金融产品的完整信息。不完全竞争理论下的信息经济学可以用来分析市场信息不对称对农村金融市场效率的影响。

(3) 市场准入壁垒

不完全竞争理论也讨论了市场准入壁垒的问题。在农村金融市场，传统金融机构设立支行或服务点的成本很高，这就形成了自然的市场壁垒。而政策性金融机构在农村金融市场上的存在，也可能会形成某种程度的政策壁垒，影响其他金融机构进入市场。

(4) 产品差异化

在不完全竞争的市场中，产品差异化是企业避免价格战和保持市场份额的一种策略。在农村金融市场，由于农业生产和农村经济的特殊性，金融产品面临着必须适应多样化和差异化需求的挑战。因此，如何设计适应农村市场需求的金融产品，是农村金融市场上金融机构面临的重要问题。

(5) 价格与产出决策

不完全竞争理论在价格与产出决策方面提供了理论基础。在农村金融市场中，金融机构通常不能像完全竞争市场那样作为价格接受者，它们在一定程度上可以操控利率等价格因素，影响农民的借贷成本和金融产品的供给。

(6)竞争与合作

不同于完全竞争市场,不完全竞争市场的参与者更可能通过各种形式的竞争和合作来调整自己的市场策略。在农村金融市场,金融机构之间可能通过联合贷款、风险共担等方式合作,共同开发农村市场。

1.3.1.2 不完全竞争理论对农村金融发展的启示

不完全竞争理论不仅帮助我们认识到农村金融市场独特的市场结构,还为针对这一类市场设计合理有效的政策提供了理论依据。例如,可以通过设计差异化的金融产品满足多样的农村金融需求,通过提高信息透明度减少信息不对称问题,以及通过促进市场竞争减少市场进入壁垒等手段,提高整个农村金融市场的效率和效果。

结合不完全竞争理论还可以看到,我国农村金融市场尚需在提升金融服务的效率、增加市场竞争、减少信息不对称以及设计适应农村需求的金融产品上做更多努力,这对于推动农业现代化和促进农村经济的发展是至关重要的。

1.3.2 互动协调理论

互动协调理论是一个关于组织或系统内部各要素之间的相互作用与合作的理念,强调的是各参与主体之间的协调与合作可优化整体性能和效率。在农村金融的背景下,这一理论可以用来解释和指导如何通过金融机构、金融机构相互之间、政府部门、农户以及其他相关参与者之间的有效互动和协同合作来推动农村经济发展。

互动协调理论的核心是认为,不同的金融主体和组织在农村金融市场中并非独立运作,其行为和效果受到彼此间相互作用与合作关系的影响。因此,改善这些主体之间的互动与协调能提高金融服务的可靠性、可及性和有效性,进而促进农村经济的发展。

1.3.2.1 农村金融中的互动协调

(1)金融机构内部协调

在农村金融机构内部,需要不同部门之间建立有效的沟通与合作机制,以实现资源的优化配置。例如,信贷管理部门与风险控制部门需要紧密合作,共同确定合适的贷款产品和贷款标准,降低坏账率,提高金融服务效率。

(2)金融机构与农户的互动

农户是农村金融服务的直接受益者。金融机构要与农户建立良好的沟通机制,以满足农户的实际需求,并提供适合的金融产品和服务。这种互动协调可以帮助金融机构更准确地评估信贷风险,同时也提高了农户对金融服务的接受度和利用率。

(3)金融机构与政府的协同

政府在农村金融市场中扮演着至关重要的角色,既是监管者也是政策制定者。政府需要与金融机构进行良好的互动和协调,通过制定和执行合理的政策与法规,为农村金融市场提供稳定的发展环境,支持金融产品创新,并为农户提供需要的培训和教育服务,提高农户的金融知识水平。

(4)跨机构合作

为了更全面地服务农村市场,不同的金融机构之间的合作也非常关键。这种跨机构的合作可以是共同开发贷款产品、风险分担机制或者信息共享平台。通过协调合作,银行、合作社、微信贷机构等可以共同提高服务质量,降低管理成本和运营风险。

(5)制度协调与配合

互动协调还不仅限于金融机构之间或金融机构与农户之间的直接互动,还包括制度层面的协调。这包括金融监管体系、信用体系建设以及金融市场基础设施的完善等。这些制度和基础设施的完善能够支撑农村金融市场的健康发展。

1.3.2.2 互动协调理论对农村金融发展的启示

互动协调理论为提高农村金融服务的有效性提供了重要的策略。通过促进不同金融机构之间,以及金融机构与政府、农户之间的有效沟通与合作,不仅能提高金融服务的质量和可及性,也有助于为农村金融市场提供更加稳固和适应的发展环境。有效的互动和协调有助于建立起强大的农村金融体系,优化资源配置,减少信息不对称,促进信贷资金流向最需要的地方,从而更好地服务农村经济的发展。

互动协调理论在农村金融发展中扮演着至关重要的角色,是促进农村金融包容性增长、提升农村金融服务效率的重要理念。通过多方协作与共同努力,可以使得农村金融市场变得更加完善和有活力,这对于促进农村经济的整体发展和农业现代化建设具有深远的意义。

1.3.3 金融伦理理论

金融伦理理论关注的是金融行业中的道德标准和行为规范,它探讨如何在金融交易和金融服务中实现公平、正义以及对社会负责的行为。在农村金融的语境中,金融伦理理论可以提供指导原则和价值观,以确保金融活动对于农村社区的成员是公正和有益的。

1.3.3.1 金融伦理理论在农村金融中的应用

(1) 公平与正义

金融伦理强调所有客户无论他们的社会、经济地位如何,都应享有公平的金融机会和服务。在农村地区,由于教育、信息获取以及基础设施等方面的限制,一些群体可能会在获取金融服务时受到较多的约束。金融伦理理论支持改变这种不平等状况,主张提供平等的金融机会给农村地区的客户,比如通过微型金融服务来实现这一目标。

(2) 透明性

透明性是金融伦理的一个关键要素,它要求金融机构对其产品和服务的条款、费用以及风险进行全面且容易理解的披露。在农村金融中,这意味着必须清晰地向农户解释贷款利率、偿还条款和相关的风险,避免由于信息不对称导致农户受到欺诈或做出不利于自己的金融决策。

(3) 负责任的借贷

金融伦理要求金融机构在放贷时顾及客户的偿还能力,避免导致负债过重和借贷困境。在农村金融中,这一点尤为重要,因为农户经常面临收入不稳定的问题,金融机构应采用负责任的借贷实践,确保贷款产品与农户的经济能力和现实需求相匹配。

（4）社会责任

金融伦理还鼓励金融机构去考虑其业务对社区和环境的影响，并采取行动以提升其社会价值。对农村金融而言，这可能体现为支持可持续农业、小企业发展以及改善社区基础设施等领域，从而带动整个地区的经济与社会发展。

（5）消费者权益保护

在农村金融中，消费者权益保护需要得到特别关注，因为农户可能缺乏足够的金融知识和谈判能力。金融伦理鼓励金融机构提供适当的消费者教育和服务，确保消费者能安全地使用金融产品，保护其免受不公平交易和滥用金融产品的风险。

1.3.3.2 金融伦理理论对农村金融发展的启示

金融伦理强调金融活动应该以道德和诚信为基础，这就意味着农村金融机构应该建立透明、公正、负责任的经营机制，避免不当行为和金融欺诈，以保护农村居民的权益。

金融伦理倡导风险管理和责任承担，这就意味着农村金融机构应该制定科学的风险管理制度，避免因金融活动而给农村社区带来不可承受的风险和损失。

金融伦理理论强调金融活动应该为社会和经济的可持续发展做出贡献，这就意味着农村金融机构应该注重长期发展，积极支持农村经济的发展，推动农村社区的全面进步。

金融伦理理论为农村金融机构提供了一个指导方向，即如何通过负责任和有道德的方式提供金融服务，同时促进社会的整体福祉。它强调，金融机构不应仅仅追求经济利益，更应关心其业务对人们生活的长远影响。通过遵循金融伦理的原则，农村金融可以更好地服务其客户，帮助改善农村社区的经济和社会条件，促进更加平等和可持续的发展。

1.3.4 公益精神理论

公益精神理论通常涉及一个核心的伦理原则：个体或组织应致力于服务于公共利益，而不仅仅是追求私人利益。它强调在经济活动中关注对公共福利的贡献，包括更广义的社会责任、环境保护、社会正义和平等。

在农村金融的背景下，公益精神理论可以指导农村金融机构如何运作，以确保它们在追求财务可持续性的同时，也顾及社区的福祉和发展。

1.3.4.1 公益精神理论在农村金融中的应用

（1）社区服务导向

公益精神理论鼓励金融机构专注于为农村社区提供更多非营利的服务，如金融知识教育、小额贷款、储蓄项目和保险服务，帮助农村居民改善经济状况和生活条件。

（2）强调长期价值

公益精神理论倡导金融机构投资于可持续的农业实践和农业技术创新，支持农村地区长远的经济发展和环境保护。

（3）社会资本建设

公益精神理论强调通过构建信任和合作网络来增强社会资本，例如，金融机构通过建立与农户的长期合作关系，激励社区参与和自我管理金融服务项目，从而增强其对社区的承诺和贡献。

（4）推动金融包容性

金融机构应该追求更广泛的金融包容性，这意味着所有社区成员，包括经济弱势和边缘化群体，如贫困户、女性和少数民族等，都可获得金融服务。

（5）促进社区经济自主

通过提供适宜的金融工具和资源，金融机构可以帮助农村地区的居民充分利用当地资源，发展农业和小规模企业，最终实现经济自主和社区的可持续发展。

1.3.4.2 公益精神理论对于农村金融发展的启示

公益精神强调服务社会和促进社会公平正义，这就意味着农村金融机构应该关注农村居民的实际需求，提供更加包容和普惠的金融服务。

公益精神倡导资源的合理分配和社会责任感，这就意味着农村金融机构需要制定合理的利率政策、降低金融服务的门槛，以及积极参与农村社区建设和发展。

公益精神强调合作与共享，这就意味着金融机构之间应该加强合作，共同推动农村金融的发展，同时与政府、非政府组织以及农村居民形成良好的合作关系，共同促进农村金融可持续发展。

结合公益精神理论，农村金融可以更加注重其在促进农村地区社会经济发展、减少不平等、增进社会和谐方面的积极作用。公益精神的价值观可以帮助金融机构调整其商业策略，确保其运营模式不仅仅在商业上可行，同时也能反映出对农村社会的正面贡献和对人类福祉的关照。

1.3.5 合作经济理论

合作经济理论是马克思和恩格斯在批判和继承空想社会主义合作思想的基础上，结合工人合作社运动实践，形成的较为系统的合作经济思想。国际合作社联盟根据合作经济发展经验，对罗虚代尔原则加以修订后提出了合作经济理论的基本原则：

（1）自愿与开放的社员制：合作社的社员应当是自愿的，任何人只要能够利用合作社的服务，并愿意承担社员的责任，都可以入社，不受人为的限制，以及任何社会、政治、种族或宗教的歧视。

（2）民主的社员控制：合作社是民主的组织，其事务应由以社员所同意的方式选举或指定的人员管理，并对社员负责。单位合作社的社员在投票及参与合作社决策时享有平等的权利（一人一票）。

（3）社员经济参与：社员对合作社公平地出资，并民主控制其资本。该资本必须有一部分是合作社的共同财产。社员出资是取得社员资格的条件，但出资只获取有限的报偿。

（4）自治与独立：合作社是社员管理的、自治的自助组织。如果合作社要同其他组织达成协议，或者要从外部筹资，必须以确保社员的民主管理和自治为条件。

（5）教育、培训与信息：合作社要为社员、社员选举产生的代表、经理和雇员提供教育和培训，使他们能够有效地做出贡献。合作社要把合作的性质和好处告诉公众，特别是年轻人和舆论带头人。

（6）合作社之间的合作：合作社要开展地方性的、区域性、全国性的、乃至国际性的合作，以便最有效地为社员服务和加强合作社。

（7）关心社区：合作社通过社员同意的政策，为所在社区的可持续发展效力。

1.3.5.1 合作经济理论在农村金融中的应用

农村信用合作社等合作性金融机构的设立和运作，就是合作经济理论在农村金融领域的具体体现。它鼓励以农民专业合作社为纽带，组建农户小额互助合作金融组织，发挥自助互助作用。同时，引导各类农村金融机构在经营中融入自助互助、民主管理等合作理念，增强农户主体地位，发挥农村合作金融组织整合社区、服务民生的功能，助力乡村振兴。

1.3.5.2 合作经济理论对农村金融发展的启示

大力发展农民专业合作社等新型农村合作金融组织形式，满足农村多元化金融需求。同时，维护农村合作金融组织的互助性、非营利性和服务宗旨，防止过度商业化、同质化。还要完善农村合作金融组织的民主决策机制，切实体现"一人一票"原则，维护普通农户权益，发挥合作金融组织对农村社区的整合力量，推进农村精神文明和文化建设。

合作经济理论为构建多元、包容的现代农村金融体系提供了重要理念资源，有利于增强农村金融的公益性、民主化，更好维护农民权益，促进农业农村可持续发展。

1.3.6 市场失灵和政府干预理论

市场失灵和政府干预理论是现代西方经济学的一个重要理论。市场失灵理论认为：在某些情况下，完全竞争市场机制无法实现资源最优配置，存在市场失灵现象。主要原因包括：外部性、公共产品、不完全竞争、不完全信息等。政府干预理论则主张，在市场出现失灵时，政府应该通过制定法律法规、征税补贴、直接参与生产经营等方式，纠正市场失灵，促进资源合理配置。

1.3.6.1 市场失灵和政府干预在农村金融中的应用

农村金融市场存在严重的信息不对称和外部性问题，自发形成的农村金融市场无法实现资源高效配置，存在明显的市场失灵。为解决农村金融市场失灵，政府通过设立政策性农业发展银行、农村信用社等直接参与农村金融服务供给。政府出台农业信贷政策性优惠、风险补偿等政策措施，引导商业金融资源合理流向农村。政府建立相关法律法规，规范农村金融组织运作，并加强监管，维护农村金融市场秩序。

1.3.6.2 市场失灵和政府干预理论对农村金融发展的启示

鉴于农村金融市场难以自发高效配置资源的特殊性，需要政府适度干预和引导，发挥好政策性农业发展银行的作用，加大对农业、农村的金融支持力度。同时，合理利用财政资金，设立风险补偿基金等政策体系，降低商业资本进入农村的制度性交易成本。还要建立健全相关法律法规，为政府和社会资本参与农村金融营造良好制度环境，完善农村金融监管体系，规范各类主体行为，维护农村金融市场秩序稳定。

正视农村金融市场失灵现象，并在此基础上合理运用政府干预手段，是促进农村金融健康发展的必由之路。但政府干预也需把握好尺度，防止过度干预扭曲市场机制。应该在合理界定政府和市场作用的基础上，最大程度发挥市场在资源配置中的决定性作用。

1.3.7 可持续发展理论

可持续发展理论最早由 1987 年联合国《我们共同的未来》报告提出，主要内涵是在发展过程中平衡环境、经济和社会发展之间的关系，满足当代人的需求，而不损害后代满足其需求的能力。

1.3.7.1 可持续发展理论在农村金融中的应用

（1）注重环境可持续性

推动农村金融机构加大对节能环保项目、绿色农业的信贷支持，限制对高污染、高排放行业的融资，促进农村发展与生态环境协调。

（2）注重经济发展可持续性

支持农村金融为农村经济发展提供稳定融资渠道，为农村产业升级转型、基础设施建设等注入活力。同时确保农村金融机构自身经营可持续。

（3）注重社会发展可持续性

农村金融应提供普惠性服务，促进城乡区域间、不同群体间的公平发展。支持社区建设、文化传承等，维护社会和谐稳定。

1.3.7.2 可持续发展理论对农村金融发展的启示

（1）构建绿色金融体系

大力发展绿色信贷、碳金融等，加大对绿色农业、乡村清洁能源等项目的投融资力度，引导金融资源配置向可持续发展方向倾斜。坚持普惠金融原则确保金融资源合理流向农村地区和农民手中，缩小城乡、区域、人群间的金融服务差距，促进均衡发展。

（2）创新金融产品和服务

开发面向农村现代服务业、特色产业链条等新型业务，满足农村多元发展需求，培育农村经济新的增长点。

（3）强化金融风险管控

加强对农村金融机构经营的监管，防范各类风险，确保农村金融可持续健康发展。

（4）重视农村社区建设

农村金融机构应高度重视扶贫帮困、文化传承等社会责任，为农村社会发展注入正能量。

可持续发展理论为农村金融注入新的发展理念，倡导注重生态环境保护、农村区域协调发展、文化传统传承等，实现农村金融业自身和服务对象的可持续发展。

1.4 本书的有关说明

在我国农村经济编制中,"三驾马车"这一概念通常被用来描述支持农村经济和金融发展的三种主要金融体系:政策性金融、商业性金融和合作性金融,这些体系在不同方面构成了农村地区金融供给的主体。本书的研究对象是这三者在农村金融供给中的作用、重构及其之间的协同机制。

(1) 政策性金融

政策性金融是由国家实施的金融活动,目标是实现国家特定的社会经济目标。在农村金融中,政策性金融机构如国家开发银行、农业发展银行等按照国家政策,为农业和农村发展提供低成本资金支持。政策性金融在刺激农业现代化、增加农村投资、促进贫困地区发展等方面发挥着重要作用。

(2) 商业性金融

商业性金融则是基于市场原则运作,以营利为目的。它包括各种商业银行和其他金融机构,在农村地区提供信贷、存款、保险、支付和结算等服务。商业性金融注重效率和利润,通过提供竞争性的金融服务,满足农村地区日益增长的金融需求。

(3) 合作性金融

合作性金融,尤其是通过各种形式的信用合作组织来实现,是基于互助原则建立的,旨在服务成员的金融机构。这类金融组织通常由农民或农村社区成员共同出资,为成员提供小额贷款、储蓄及其他金融服务。

(4) "三驾马车"的重构

本书提到的"三驾马车"的重构,实际上是对这三种金融机构如何更好地适应农村经济发展新形势、更好地协作与共进,从而提高农村金融服务有效性和可达性的探讨。重构需要这三种金融机构调整自己的发展策略与运作模式,以满足农村地区多样化的金融需求。

(5) "三驾马车"的协同机制

协同机制的研究关注如何优化政策性金融、商业性金融和合作性金融之间的合作与相互作用机制。无论是支持大型农业基础设施项目,还是为小型家庭农场提供零散资金,有效的协同合作都可以确保资源得到最优配置。协同机制通常包括风险分担、资金共享、信息交流和产品创新等内容。

  本书旨在构建一个更高效、更协同、更包容的农村金融体系,重点关注上述银行类金融的改进、重建及其协同机制,保险、信托、证券等非银行金融机构不在本研究之列。关于上述银行类金融的环境与社会因素、科技与创新、政策与法规框架等内容会在政策建议中体现。

2

机理与渠道：乡村振兴下农村金融的作用施展

2.1 乡村振兴与农村金融的辩证关系

2.1.1 乡村振兴与农村金融的共同属性

乡村振兴与农村金融在我国农村发展中扮演着至关重要的角色。乡村振兴战略的核心在于推动农村的全面发展，这不仅涵盖经济建设，也包括文化传承、生态宜居、治理有效和生活富裕等五大领域。这一战略旨在改善农村生产生活条件，推动农民增收和农村繁荣，最终实现农业与农村的全面现代化。

农村金融，指的是在农村地区提供的金融服务，它包括为农业生产、农村企业和农民提供的存款、贷款、保险以及支付结算等服务。农村金融的目标在于解决农村地区融资难题和成本高昂的问题，以促进农村经济及其社会事业的持续健康发展。乡村振兴与农村金融在目标、策略和方法上展现出了共同性。

第一，服务农村经济发展。乡村振兴战略的核心在于全面振兴，这不仅涉及经济层面的发展，还包括社会、文化、生态等多个维度的全面进步。通过政策引导和资源的合理配置，乡村振兴战略力图促进农村经济结构的优化及产业升级转型，旨在实现农业的现代化，并增强农村地区的自主发展能力。在这个过程中，农村金融作用突出。通过提供多样化的金融产品和服务，农村金融为农业产业升级和农村经济发展提供了坚实的资金保障。农民和农业企业可以通过贷款获得扩大生产、改进技术、购买设备等所需的资金。农村金融服务的普及和便利性也极大地提高了农民的融资能力，降低了融资成本，使得更多的农民能够享受到金融服务带来的实惠。

此外，农村金融还通过参与农村信用体系的建设，提高了农民的信用等级，增强了他们的融资能力。农民专业合作社、家庭农场等新型农业经营主体的兴起，也需要农村金融的支持来实现规模化、集约化经营。农村金融通过为这些经营主体提供贷款、保险、期货等金融工具，帮助他们分散经营风险，提高市场竞争力。

在乡村振兴战略的推动下，农村金融不仅仅是资金的提供者，更是农村经济发展的助推器。它通过金融创新，为农村经济的发展提供了新的动力和方向，拓宽了金融服务的覆盖范围，使得偏远地区的农民也能够享受到便捷的金融服务。

第二，关注农民福祉。提升农民的福祉是乡村振兴战略的核心目标之一。改善农民生活条件的一个重要方面是发展多元化的农村产业。传统的农业生产往往受限于自然条件和市场需求，而通过发展特色农业、乡村旅游、农产品深加工等新兴产业，可以有效提高农产品的附加值，增加农民的收入来源。

改善基础设施和公共服务是提升农民福祉的另一个关键点，通过改善基础设施，可以降低农产品的运输成本，提高农产品的市场竞争力，从而使农民获得更好的经济回报。优质的公共服务，如教育、医疗、养老等，也是提升农民生活质量的重要因素，有助于提高他们的幸福感和安全感。

农村金融在提升农民福祉方面的作用不可或缺。通过提供贷款、储蓄、保险等金融产品和服务，农村金融机构帮助农民解决资金短缺的问题，支持他们开展农业生产和农村创业。农业保险可以帮助农民分散自然灾害和市场带来的风险，保障他们的生产收入。农村储蓄服务则为农民提供了积累和保值财富的途径，有助于提高他们的经济安全感。

第三，综合性策略。这种策略的核心在于认识到农村的发展不仅仅是经济增长的问题，而是一个多维度、全方位的系统工程。

在经济层面，乡村振兴战略注重发展多元化的农业产业，推动农业现代化，提高农产品的附加值。同时，通过发展乡村旅游、绿色农业等新兴产业，为农民创造更多的就业机会和收入来源。在社会层面，乡村振兴战略强调改善农村的教育、医疗、养老等公共服务，提高农民的文化素质和生活质量。在文化层面，乡村振兴战略旨在保护和传承农村的传统文化，挖掘乡村文化资源，提升农村的文化软实力。在生态层面，乡村振兴战略着重于生态环境的保护和修复，推动绿色发展，促进人与自然和谐共生。

农村金融作为乡村振兴战略的重要组成部分，其发展同样需要采取综合性策略。农村金融不仅要提供传统的存贷款服务，还应开发适合农村特点的金融产品，满足农民多样化的金融需求。农村金融应加强金融知识的普及教育，通过组织培训班、讲座等形式，提高农民的金融素养，使他们能够更好地理解和运用金融工具。农村金融的包容性也是综合性策略的重要内容。这意味着金融服务不仅要覆盖到农村的富裕地区，更要延伸到偏远贫困地区，确保所有农民都能享受到基本的金融服务。

第四，具有长远性视角。长远性视角体现在对未来农村发展的关注和承诺，体现在它们对未来农村发展的规划和实践中。

乡村振兴战略注重长远规划和可持续发展，不仅着眼于眼前的经济增长和社会进步，更关注于如何在未来长期内实现农村的全面振兴。这需要各级政府和相关部门提出长远的发展蓝图，制定符合实际情况的政策措施，并通过长期的投入和实践来逐步实现乡村振兴的目标。这种长远规划和持续实施的过程需要不断适应外部环境的变化，灵活调整政策和措施，确保乡村振兴战略在不同阶段都能够持续有效地推进。

农村金融的发展同样需要具备长远性视角，不仅要满足当前农村经济的金融需求，更需要考虑未来农村经济发展的长远需求。这就需要金融机构不断创新，提供更加符合农村实际的金融产品和服务，支持农村产业的转型升级和农民收入的持续增长。同时，农村金融还需要关注金融知识的普及和农民金融素养的提升，培养农民对金融市场的长期信任和依赖，促进农村金融的长期健康发展。

第五，创新驱动。随着科技的不断进步和社会的快速发展，创新成为推动农村经济增长和提升农民生活水平的关键因素。乡村振兴战略鼓励农业技术和管理创新，强调推动农业现代化，提高农业生产效率和质量，这就需要不断引进和应用新技术、新工艺，提高农业生产的科技含量和智能化水平。乡村振兴还鼓励农村管理体制和机制的创新，通过改革农村土地制度、农业产权制度等，激发农村发展的活力和潜力。

农村金融也需要创新金融产品和服务模式以适应农业的现代化需求。传统的金融产品和服务已经不能满足农村经济发展的需要，需要通过创新，提供更加灵活、多样化的金融产品和服务，支持农村产业的转型升级和农民收入的增加。农村金融还可以通过创新金融科技，提高金融服务的便捷性和普惠性，如手机银行、移动支付等新型金融服务模式，让更多的农民享受到便捷的金融服务。

第六，政策支持与依赖。乡村振兴战略和农村金融的实施和健康发展都需要政府的政策支撑和引导。政府的政策支持能够为农村金融的发展提供方向，为乡村振兴提供金融保障，从而促进农村经济的持续发展。

乡村振兴战略需要政府的政策支持和引导。政府可以通过制定相关政策文件和规划方案，明确乡村振兴的发展目标、路径和政策措施，为乡村振兴提供制度保障和政策环境。例如，政府可以出台扶持农村产业发展的财税政策，支持农村企业的创新创业；加大对农村基础设施建设的投入，改善农村交通、水利、电力等基础设施条件；推动农村土地制度改革，激发农民的生产积极性和创造力。

农村金融的健康发展也需要政府的政策支持和引导。政府可以通过出台相关金融法规和政策措施，促进农村金融市场的健康发展，保障金融机构的稳健经营和金融服务的普惠性。例如，政府可以加强对农村金融市场的监管，规范金融机构的经营行为，防范金融风险；鼓励金融机构增加对农村的金融投入，扩大金融服务的覆盖面和深度，满足农民的金融需求；推动金融科技的创新应用，提高金融服务的便捷性和普惠程度。

第七，依靠科技进步。科技进步为乡村振兴提供了更广阔的发展空间。通过互联网技术，农民可以获取到更多的信息资源，了解市场动态、农业技术、政策法规等，提高农业生产的效率和质量。同时，电子商务的发展也为农村的农产品销售提供了新的渠道和平台，拓展了农村经济的发展空间。这些新技术的运用不仅提高了农业生产的效率与市场竞争力，还为乡村振兴注入了新动力与支持。

科技进步也为农村金融服务带来了新的发展机遇。互联网金融、移动支付等新型金融服务方式正在改变着传统的农村金融格局，为农村居民提供了更加便捷、高效的金融服务。通过互联网金融平台，农民可以进行网上银行、贷款、理财等金融活动，避免了传统金融机构距离远、服务不便的问题；移动支付的普及也使得农村居民可以随时随地进行支付和转账，提高了金融服务的便捷性和普惠性。这些新型金融服务方式不仅促进了农村金融的发展，也为乡村经济的蓬勃发展提供了有力支持。

第八，地域性与差异化。在不同地区的实际情况下，需要采取差异化策略来推动乡村振兴和农村金融的发展。

不同地区的自然条件、经济发展水平、人口结构等存在差异，因此，乡村振兴战略需要因地制宜地制定和实施，以更好地发挥各地的优势，实现乡村经济的多元化发展。

农村金融也需要因地制宜地提供金融服务。不同地区的农村经济结构和金融需求存在差异，因此，金融机构需要根据地区特点提供差异化服务。因地制宜的金融服务能够更好地满足不同地区的金融需求，支持当地经济的健康发展。

在实践中，因地制宜的乡村振兴和农村金融策略需要政府部门、金融机构和地方政府共同努力。政府部门可以根据各地的实际情况制定相应的政策和措施，提供政策支持和指导；金融机构需要根据地区特点灵活调整产品和服务，满足当地的金融需求；地方政府则需要加强对乡村振兴和农村金融的组织和协调，推动相关工作落实到位。

对于乡村振兴与农村金融在上述各方面的共同属性，通过更深入的政策设计与实践探索，两者可以相互促进，共同奋进，为农村经济的全面振兴提供可靠的金融支撑。

2.1.2　乡村振兴提高了农村金融的战略地位

乡村振兴战略的实施，不仅促进了农村经济的发展，也提升了农村金融的战略地位。主要表现在：

第一，政策支持与资源倾斜。政策支持体现在国家层面对农村金融的重视和扶持。政府出台了一系列针对农村金融的优惠政策,如减免税收、提供财政补贴、降低准备金率、提供低息贷款等,这些政策旨在降低农村金融机构的运营成本,增强其服务农村地区的能力。

金融机构对农村金融的投入和创新。金融机构通过增设农村服务网点、扩大农村金融服务覆盖面、提高服务效率等措施,使得农村金融服务更加便捷和高效。

对农村金融人才的培养和引进。政府和金融机构通过合作设立农村金融培训项目、提供专业培训和技能提升机会,提高了农村金融从业人员的专业水平和服务能力。

对农村金融风险的管理和控制。政府通过建立健全农村金融监管体系,加强对农村金融市场的监管,防范和化解金融风险。同时,通过建立风险补偿机制、信用担保体系等,降低了金融机构的信贷风险,鼓励金融机构更加积极地参与到农村金融服务中来。

第二,农业现代化与金融需求增长。农业现代化是乡村振兴战略的核心内容之一,它涉及农业生产方式的转变、农业科技的应用以及农业产业链的升级。在这个过程中,农村金融作为支持农业现代化的重要手段,其需求随着农业现代化的推进而不断增长,从而进一步凸显了农村金融在乡村振兴中的战略地位。

农业现代化推动了农业生产方式的转变。传统的农业生产多依赖于人力和畜力,生产效率低下,而现代农业则越来越多地采用机械化、自动化的生产方式。这种转变需要大量的资金投入,用于购买农业机械、建设现代化的农田水利设施等。农村金融机构通过提供贷款、租赁等金融服务,满足了农户和农业企业对资金的需求,加速了农业生产方式的现代化进程。

农业科技的应用是农业现代化的另一重要方面。现代农业科技包括种子改良、病虫害防治、土壤修复、智能农业等,这些科技的应用可以显著提高农业生产效率和产品质量。然而,农业科技的研发和推广往往需要较大的前期投入,农村金融机构通过提供研发贷款、科技成果转化贷款等金融产品,支持农业科技创新和应用,促进了农业科技的快速发展。

农业产业链的升级也是农业现代化的重要内容。随着农业现代化的推进，农业不再仅仅是种植和养殖，而是形成了包括生产、加工、销售、服务等环节的完整产业链。在这个过程中，农村金融机构通过提供供应链金融、贸易融资、市场拓展贷款等服务，帮助农业企业和农户扩大生产规模、提升产品附加值、拓宽销售渠道，推动农业产业链的升级和优化。

农业现代化还带来了对农业保险的需求增长。现代农业生产面临着自然灾害、市场波动等多种风险，农业保险可以为农户和农业企业提供风险保障。农村金融机构通过开发和推广各类农业保险产品，如农作物保险、价格保险、收入保险等，帮助农户和农业企业分散风险，稳定收入，增强农业现代化的可持续性。

第三，农村产业结构调整与金融创新。农村产业结构调整是乡村振兴战略的重要组成部分，它旨在优化农村资源配置，提高农业综合竞争力，实现农村经济的多元化发展。在这个过程中，金融创新起到了至关重要的作用，它不仅满足了农村产业结构调整中的多样化金融需求，还推动了农村金融服务模式的革新和升级。

农村产业结构调整需要大量的资金支持，而金融创新为这一需求提供了多元化的解决方案。传统的农村金融服务往往以存贷款为主，难以满足新兴产业和多样化经营的融资需求。为了适应产业结构调整的需要，农村金融机构开始探索和发展供应链金融、互联网金融、绿色金融等新型金融产品和服务。

金融创新促进了农村产业的多元化发展。随着农业现代化的推进，农村地区开始发展特色农业、休闲农业、乡村旅游等新兴产业。这些产业的发展不仅丰富了农村产业结构，也为农民提供了更多的就业机会和收入来源。农村金融机构通过创新金融产品和服务，支持了这些新兴产业的发展，促进了农村经济的多元化。

金融创新还有助于提升农村地区的金融服务质量和效率。随着移动互联网和大数据技术的发展，农村金融机构开始利用这些技术提供在线金融服务，这不仅提高了金融服务的便捷性，也使得金融服务能够覆盖更广泛的农村地区，特别是偏远山区和贫困地区，从而推动了农村金融服务的均等化。

金融创新还有助于加强农村地区的金融风险管理。在产业结构调整过程中，农村企业和农户面临着市场风险、信用风险、自然灾害风险等多种风险。农村金融机构通过创新风险管理工具和服务，如开发价格保险、收入保险等新型保险产品，建立风险评估和预警系统，帮助农村企业和农户有效管理风险，保障了产业结构调整的顺利进行。

第四，农村基础设施建设与金融服务网络。农村基础设施建设是乡村振兴战略的基础性工作，它直接关系到农村经济的发展和农民生活水平的提高。金融服务网络作为基础设施建设的重要组成部分，对于促进农村经济发展、改善农民生活质量具有重要作用。

农村基础设施建设为金融服务网络的拓展提供了物理基础。基础设施包括交通、通信、水利、能源等方面，这些设施的完善使得金融服务能够更有效地延伸到农村的各个角落。基础设施的改善，极大地提高了金融服务的可达性和便利性，使得更多的农民能够享受到金融服务。

金融服务网络的建设促进了农村基础设施项目的融资和建设。农村基础设施项目往往需要大量的前期投入，而传统的财政资金和银行贷款可能无法满足所有项目的资金需求。在这种情况下，金融服务网络通过提供多元化的融资渠道，不仅加快了基础设施建设的步伐，也提高了资金使用效率，降低了融资成本。

金融服务网络的完善有助于提高农村地区的金融资源配置效率。随着金融服务网络的不断扩展，金融机构能够更准确地了解农村地区的金融需求，更有针对性地提供金融服务。这些定制化的金融服务，有助于优化金融资源的配置，促进农村经济的健康发展。

金融服务网络的建设还有助于提升农村地区的金融素养和风险管理能力。金融机构通过在农村地区开展金融知识普及活动，提高农民的金融意识和风险防范能力。同时，金融机构还可以提供风险评估和管理咨询服务，帮助农民和农业企业识别和应对各种风险，增强了农村地区的抗风险能力。

第五，社会稳定与金融扶贫。社会稳定是乡村振兴战略的重要目标之一，而金融扶贫作为实现社会稳定和促进农村经济发展的重要手段,对于缩小贫富差距、提升农村居民生活水平具有显著作用。

金融扶贫有助于缓解农村贫困问题,促进社会公平和谐。农村地区由于自然条件、教育资源、经济发展水平等多种因素的影响,往往存在一定数量的贫困人口。金融扶贫通过提供小额信贷、扶贫贷款、农业保险等金融产品和服务,帮助贫困农户获得必要的资金支持,从而改善生产条件,提高收入水平。这种金融支持不仅能够直接帮助贫困户解决短期的资金困难,还能够通过促进产业发展和就业机会的增加,实现长期的脱贫致富。

金融扶贫有助于提升农村居民的金融素养和自我发展能力。在金融扶贫的过程中,金融机构不仅提供资金支持,还通过开展金融知识培训、提供财务咨询服务等方式,提高农民的金融意识和管理能力。这使得农民能够更好地理解和运用金融工具,提高资金的使用效率,增强自身的发展能力,从而为实现社会稳定打下坚实的基础。

金融扶贫有助于促进农村地区的经济发展和社会进步。通过金融扶贫,可以激发农村地区的内生发展动力,推动农业产业结构的优化升级,促进农村劳动力的合理流动和就业。同时,金融扶贫还能够带动相关产业的发展,如农产品加工、农村电商、乡村旅游等,这些产业的发展不仅为农民提供了更多的就业机会,也促进了农村经济的多元化和可持续发展。

金融扶贫还能增强农村地区的社会保障体系。金融机构通过提供养老保险、医疗保险、意外伤害保险等产品,帮助农村居民应对各种风险,减少因病、因灾返贫的现象。这种社会保障的增强,不仅提高了农村居民的生活质量,也增强了他们对未来的信心和安全感,有利于维护社会稳定。

在乡村振兴战略下,农村金融被赋予了更高的战略地位和更重要的使命,农村金融正在成为推动乡村全面振兴的关键力量。未来,随着乡村振兴战略的不断深入,国家政策也在不断倾斜,农村金融的战略重要性还将愈发凸显,成为国家发展中不可或缺的重要部分。

2.1.3 农村金融是支持乡村振兴的重要要求与路径

第一,资金支持与农业发展。资金支持是农村金融的核心功能之一,对于农业发展和乡村振兴战略的实施具有至关重要的作用。

资金支持是推动农业现代化的关键因素。现代农业的发展需要大量的资金投入,包括购买先进的农业机械、引进高效的种植和养殖技术、建设现代化的农业设施等。农村金融机构通过提供贷款、信贷和其他金融产品,为农户和农业企业提供了必要的资金来源。这些资金的投入,使得农业生产更加规模化、标准化和高效化,提高了农业的综合生产能力和市场竞争力。

资金支持有助于农业产业链的延伸和完善。农业产业链的每一个环节,从种植、养殖到加工、销售,都需要资金的支撑。农村金融通过为农产品加工企业提供贷款,支持其技术升级和规模扩张,从而提高农产品的附加值。同时,通过为农产品销售和物流企业提供资金支持,促进了农产品的市场流通和销售网络的建设,拓宽了农产品的销售渠道,提高了农产品的市场影响力。

资金支持能够促进农业科技创新和应用。农业科技的研发和推广是提高农业生产效率和产品质量的重要途径。农村金融机构通过提供研发贷款、科技成果转化贷款等金融产品,支持农业科研机构和企业的研发活动,加速农业科技成果的转化和应用。这些科技创新和应用,不仅提高了农业生产的效率和质量,还有助于解决农业生产中的资源和环境问题,实现农业的可持续发展。

资金支持还有助于提升农业抗风险能力。农业生产面临着自然灾害、市场波动、价格波动等多种风险。农村金融通过提供农业保险、价格保险等风险管理工具,帮助农户和农业企业分散和转移风险,减少因风险造成的损失。这种风险管理机制的建立,提高了农业的稳定性和可持续性,保障了农户的收入安全。

资金支持还能够促进农村地区的就业和创业。通过为农村青年、返乡农民工等群体提供创业贷款和小微企业贷款，农村金融机构鼓励和支持他们在本地创业，发展特色农业、休闲农业、乡村旅游等产业。这些创业活动不仅为当地居民提供了就业机会，还促进了农村经济的多元化和活力。

第二，促进产业结构优化。促进产业结构优化是乡村振兴战略的重要组成部分，而农村金融在其中扮演着至关重要的角色。通过提供资金支持和金融创新，农村金融有助于推动农村产业结构的调整和升级，从而实现农村经济的可持续发展和农民收入的增加。

农村金融通过资金支持，有助于农村地区发展特色农业和优势产业。金融机构可以根据各地的自然资源、气候条件和市场需求，为具有地方特色的农业项目提供贷款和投资。特色农业项目不仅能够提高农产品的市场竞争力，还能够增加农民的收入，促进农村经济的多元化发展。

农村金融促进了农村非农产业的发展。随着农业现代化的推进，农村劳动力逐渐从传统农业中解放出来，需要新的就业机会和收入来源。农村金融机构通过提供小额信贷、创业贷款等金融产品，支持农民转型从事非农产业，如手工艺品制作、农村电商、乡村旅游等。这些非农产业的发展，不仅丰富了农村的经济结构，还为农民提供了多样化的就业和创业机会。

农村金融通过金融创新，支持农村产业的转型升级。随着科技进步和市场需求的变化，农村产业需要不断进行技术革新和模式创新。金融机构可以通过设立产业基金、发行企业债券等方式，为农业企业和农村产业集群提供资金支持，推动产业技术升级和产业链延伸。同时，金融机构还可以利用大数据、云计算等现代信息技术，提供更加精准和高效的金融服务，帮助农村产业提高管理水平和市场响应能力。

农村金融还有助于推动农村地区的绿色发展和可持续发展。金融机构可以通过提供绿色信贷、绿色保险等金融产品，支持农村地区发展循环农业、生态农业、清洁能源等产业。这些产业的发展，不仅有助于保护农村生态环境，还能够提高农村地区的生活质量和经济发展水平。

农村金融通过提供风险管理和咨询服务，帮助农村企业和农户应对市场风险和经营风险。金融机构可以通过提供价格保险、收入保险等风险管理工具，减少农产品价格波动对农民收入的影响。同时，金融机构还可以提供市场分析、财务规划等咨询服务，帮助农村企业和农户做出更加科学和合理的经营决策。

第三，提升金融服务水平。提升金融服务水平是实现乡村振兴战略的关键环节，它直接关系到农村地区经济发展的质量和效率。农村金融在提升服务水平方面发挥着至关重要的作用。

提升金融服务水平意味着增强金融服务的普及性和可及性。农村金融机构通过在乡村地区增设服务网点、推广移动金融服务和自助设备，使得更多的农村居民能够方便地接触到金融服务。这不仅提高了金融服务的覆盖范围，也使得金融服务更加贴近农民的日常生活，满足了他们多样化的金融需求。

提升金融服务水平还包括提供更加多样化和个性化的金融产品和服务。随着农村经济的发展和农民需求的多样化，传统的金融服务已经难以满足现代农民的需求。农村金融机构需要不断创新，推出适合农村市场的金融产品，如针对特定农作物的小额保险、针对农村小微企业的贷款产品以及针对乡村旅游等新兴产业的金融支持。这些个性化的金融产品和服务，有助于更好地满足农民的生产经营和生活消费需求。

提升金融服务水平还需要加强金融知识的普及和金融素养的提升。农村金融机构通过开展金融知识讲座、提供金融咨询服务、发放金融知识手册等方式，帮助农民了解金融知识，提高他们的金融意识和风险防范能力。这不仅有助于农民更好地利用金融服务，还能够促进农村金融市场的健康发展。

提升金融服务水平还涉及提高金融服务的效率和质量。随着科技的发展，农村金融机构可以利用互联网、大数据、云计算等现代信息技术，优化金融服务流程，提高服务效率。同时，金融机构还需要加强内部管理，提升服务质量，确保金融服务的安全性和可靠性。

提升金融服务水平还需要加强金融监管和风险控制。农村金融机构在提供服务的同时，需要严格遵守国家金融法规，加强内部风险管理，防范金融风险。通过建立健全的监管体系和风险控制机制，可以保护农民的合法权益，维护农村金融市场的稳定，为乡村振兴提供良好的金融环境。

第四,支持农村基础设施建设。农村基础设施建设是乡村振兴战略中的重要一环,它直接关系到农村地区的生产生活条件和经济发展水平。农村金融在支持基础设施建设方面发挥着至关重要的作用。

农村金融为基础设施项目提供了必要的资金支持。基础设施建设通常需要大量的前期投入,包括交通、水利、能源、通信等方面。农村金融机构通过发放基础设施贷款、参与政府和社会资本合作(PPP)项目等方式,为这些项目提供资金保障。这些资金的投入,有助于改善农村地区的交通条件,提高农业生产效率,促进农产品的流通和销售,从而为乡村振兴奠定坚实的物质基础。

农村金融通过支持基础设施建设,促进了农村经济的多元化发展。基础设施的完善,特别是交通和通信设施的改善,为农村地区引入新的产业和商业模式提供了条件。通信设施的改善还为农村地区提供了接触电子商务、远程教育等现代服务的机会,拓宽了农民的信息和收入来源。

农村金融通过参与基础设施建设,有助于提升农村地区的金融服务水平。随着基础设施的改善,农村金融机构可以更有效地扩大服务网络,提高金融服务的覆盖面和可达性。

此外,基础设施的完善也为金融机构运用现代信息技术提供了条件,如通过移动互联网提供在线金融服务,提高金融服务的效率和质量。农村金融支持基础设施建设,还有助于提高农村地区的抗风险能力。基础设施的完善可以增强农村地区抵御自然灾害的能力,减少因灾害造成的损失。同时,金融机构通过提供农业保险、价格保险等风险管理工具,帮助农民和农业企业分散和转移风险,保障农业生产和农民生活的稳定。

农村金融支持基础设施建设,有助于促进社会公平和谐。基础设施的完善,特别是教育、医疗、文化等公共服务设施的建设,可以提高农村居民的生活质量,缩小城乡差距。金融机构通过参与这些项目的融资,不仅促进了社会公平,也增强了农村地区的凝聚力和向心力,为乡村振兴创造了良好的社会环境。

第五,推动社会稳定与扶贫工作。推动社会稳定与扶贫工作是乡村振兴战略的重要组成部分，而农村金融在这一过程中扮演着至关重要的角色。通过提供金融支持和服务，农村金融能够有效地帮助贫困地区和贫困农户改善生活条件，提高生活水平，从而促进社会稳定和谐。

农村金融通过提供小额信贷和扶贫贷款，为贫困农户提供了发展生产和改善生活的必要资金。这些贷款可以帮助农户购买农业生产资料，如种子、肥料、农药等，或者投资于养殖业、手工业等多样化经营，从而增加农户的收入来源。此外，这些贷款还可以用于改善农户的居住条件，如修建或修缮住房，购买生活必需品等，提高生活质量。

农村金融通过提供农业保险和价格保险等风险管理工具，增强了农户的风险防范能力。农业生产受到自然条件和市场价格波动的影响较大，这些风险管理工具可以帮助农户分散和转移风险，减少因自然灾害或价格波动造成的损失。这种风险保障机制的建立，有助于提高农户的生产积极性和生活安全感，促进农村地区的社会稳定。

农村金融通过支持农村基础设施和公共服务设施建设，改善了农村居民的生活条件。金融机构可以通过发放基础设施贷款，支持农村地区的交通、水利、能源、教育、医疗等基础设施建设。这些基础设施的改善，不仅提高了农村居民的生活质量，还为农村经济发展创造了良好的条件，有助于吸引外来投资，促进当地就业，减少贫困现象。

农村金融通过提供金融知识普及和培训服务，提高了农户的金融素养和自我发展能力。金融机构可以通过开展金融知识讲座、提供咨询服务、发放宣传材料等方式，帮助农户了解金融知识，掌握金融工具，提高资金的使用效率。这种金融教育和服务的提供，有助于农户更好地利用金融服务，实现自身的可持续发展。

农村金融通过参与扶贫项目和公益活动，展现了金融机构的社会责任和担当。金融机构可以与政府部门、社会组织、企业等合作，共同开展扶贫项目，如提供就业培训、技术支持、市场开拓等服务。这些扶贫项目的实施，不仅助力贫困农户实现脱贫致富，而且加深了金融机构与农村社区的联系，促进了社会和谐。

2.1.4 农村金融与乡村振兴的协同机制

农村金融与乡村振兴之间的协同机制是指通过金融手段和政策支持，促进农村经济社会全面发展，实现乡村振兴目标的一种互动关系。

第一，资金支持与农业发展协同。资金支持与农业发展协同是农村金融在乡村振兴战略中发挥的关键作用之一。这种协同机制通过为农业发展提供必要的资金支持，促进农业生产力的提升和农村经济的全面发展。

资金支持是推动农业现代化的重要动力。农业现代化需要大量的资金投入，包括购买先进的农业机械、建设高标准农田、引进新技术等。农村金融机构通过提供贷款、信贷和其他金融产品，为农户和农业企业提供了资金来源。这些资金的投入，使得农业生产更加规模化、标准化和高效化，提高了农业的综合生产能力和市场竞争力。

资金支持有助于农业产业结构的调整和优化。随着市场需求的变化和农业科技的进步，农业产业结构需要不断调整和升级。农村金融通过为特色农业、设施农业、生态农业等新兴产业提供资金支持，促进了农业产业结构的优化。这些新兴产业的发展不仅提高了农产品的附加值，也为农民提供了更多的就业机会和收入来源。

资金支持促进了农业产业链的延伸和完善。农业产业链的每一个环节，从种植、养殖到加工、销售，都需要资金的支撑。农村金融机构通过提供贷款和投资，支持农产品加工和销售企业的发展，推动了农业产业链的延伸。这不仅提高了农产品的市场影响力，还促进了农产品的附加值提升，增强了农业的抗风险能力。

资金支持还有助于农业科技创新和应用。科技创新是提高农业生产效率和产品质量的关键。农村金融机构通过为农业科研机构和企业提供研发贷款，支持农业科技的研发和推广。这些科技创新和应用，不仅提高了农业生产的效率和质量，还有助于解决农业生产中的资源和环境问题，实现农业的可持续发展。最后，资金支持还能够促进农村地区的就业和创业。通过为农村青年、返乡农民工等群体提供创业贷款和小微企业贷款,农村金融机构鼓励和支持他们在本地创业,发展特色农业、休闲农业、乡村旅游等产业。这些创业活动不仅为当地居民提供了就业机会,还促进了农村经济的多元化和活力。

第二,金融服务与产业结构优化协同。金融服务与产业结构优化协同是农村金融在乡村振兴战略中发挥的另一关键作用。这种协同机制通过提供多样化的金融服务,促进农村产业结构的调整和升级,从而实现农村经济的多元化和可持续发展。

金融服务能够为农村产业结构调整提供必要的资金支持。随着农村经济的发展,传统的农业生产方式已难以满足市场需求,需要向高附加值的产业转型。农村金融机构通过提供贷款、信贷、投资等金融产品,支持农民和农业企业投资于特色农业、休闲农业、乡村旅游等新兴产业。这些资金的投入有助于农民开拓新的收入来源,减少对传统农业的依赖,实现产业结构的优化。

金融服务的创新能够促进农村产业的多元化发展。农村金融机构通过开发符合农村特点的金融产品,如供应链金融服务、互联网金融平台、绿色金融等,为农村产业的多元化发展提供动力。例如,供应链金融服务可以帮助农业企业优化供应链管理,降低运营成本;互联网金融平台可以为农民提供便捷的线上交易和支付服务,拓宽销售渠道。

金融服务的普及和提升有助于提高农村居民的金融素养。农村金融机构通过开展金融知识普及活动、提供金融咨询服务等,增强农民的金融意识和风险防范能力。提高农民的金融素养有助于他们更好地理解和运用金融工具,提高资金的使用效率,促进产业升级和结构调整。

金融服务还能够支持农村地区的小微企业和创业活动。农村金融机构通过提供小额贷款、创业贷款等金融支持,鼓励农民和返乡青年创办小微企业,发展手工艺品、农产品加工、农村电商等产业。这些小微企业和创业活动不仅为农民提供了就业机会,还促进了农村经济的活力和创新能力。

金融服务与产业结构优化协同还体现在对农村地区绿色发展的支持上。农村金融机构通过提供绿色信贷、绿色保险等金融产品,支持农村地区发展循环农业、生态农业、清洁能源等产业。这些产业的发展有助于保护农村生态环境，实现农业的可持续发展，同时也为农民提供了新的经济增长方式。

第三，金融普及与基础设施建设协同。金融普及与基础设施建设协同是农村金融在乡村振兴战略中发挥的又一关键作用。这种协同机制通过提高金融服务的覆盖率和可达性，为基础设施项目的建设和维护提供资金支持，从而改善农村地区的生产生活条件，推动农村经济社会的全面发展。

金融普及有助于为基础设施建设提供稳定的资金来源。基础设施项目，如道路、桥梁、水利工程、电力供应等，通常需要大量的前期投资和长期的维护资金。农村金融机构通过吸收存款、发行债券、设立基金等方式，为这些项目筹集资金。同时，金融机构还可以通过贷款、信贷等金融产品，为基础设施建设和维护提供资金支持，确保项目的顺利实施。

基础设施建设的完善促进了金融服务网络的扩展。随着交通、通信等基础设施的改善，农村金融机构能够更有效地将服务延伸到更广泛的地区，包括偏远山区和贫困地区。这不仅提高了金融服务的覆盖率和可达性，还使得更多的农村居民能够享受到便捷的金融服务，促进了金融资源的合理配置和有效利用。

金融普及与基础设施建设协同有助于提升农村地区的经济活力。基础设施的改善为农村地区的产业发展提供了条件，如农产品的流通和销售、乡村旅游的发展等。农村金融机构通过提供相应的金融产品和服务，如供应链金融、小额信贷、保险等，支持这些产业的发展，增强了农村地区的经济活力和自我发展能力。

金融普及还能够提高农村居民的金融素养和风险管理能力。随着基础设施的改善，农村金融机构能够更广泛地开展金融知识普及和培训活动，提高农民的金融意识和风险防范能力。这有助于农民更好地理解和运用金融工具，提高资金的使用效率，增强对市场风险和自然灾害的抵御能力。

金融普及与基础设施建设协同有助于实现农村地区的可持续发展。金融机构通过支持绿色基础设施项目，如清洁能源、生态水利工程等，促进了农村地区的环境保护和资源节约。同时，金融机构还可以通过提供绿色信贷、绿色保险等金融产品，引导和鼓励农村居民采取可持续的生产和生活方式，实现经济发展与环境保护的双赢。

第四，金融扶贫与社会稳定协同。金融扶贫与社会稳定协同是农村金融在乡村振兴战略中发挥的另一重要作用。这种协同机制通过提供金融支持和服务，帮助贫困地区和贫困农户改善生活条件，提高生活水平，从而促进社会稳定和谐。

金融扶贫是实现农村贫困农户脱贫的重要手段。农村金融机构通过提供小额信贷、扶贫贷款、农业保险等金融产品，为贫困农户提供了发展生产和改善生活的必要资金。这些资金可以帮助农户购买农业生产资料，投资于养殖业、手工业等多样化经营，或者用于改善居住条件和生活设施，从而增加农户的收入来源和改善其生活质量。

金融扶贫有助于提高农村地区的抗风险能力。农业生产受到自然条件和市场价格波动的影响较大，农村金融机构通过提供农业保险、价格保险等风险管理工具，帮助农户分散和转移风险，减少因自然灾害或价格波动造成的损失。这种风险保障机制的建立，有助于提高农户的生产积极性和生活安全感，促进农村地区的社会稳定。

金融扶贫通过支持农村基础设施和公共服务设施建设，改善了农村居民的生活条件。金融机构参与基础设施项目的融资和建设，如交通、水利、能源、教育、医疗等，这些基础设施的改善不仅提高了农村居民的生活质量，还为农村经济发展创造了良好的条件，有助于吸引外来投资，促进当地就业，减少贫困现象。

金融扶贫还能够促进农村居民的金融素养和自我发展能力的提升。农村金融机构通过开展金融知识普及活动、提供金融咨询服务等，帮助农户了解金融知识，掌握金融工具，提高资金的使用效率。这种金融教育和服务的提供，有助于农户更好地利用金融服务，实现自身的可持续发展。

金融扶贫通过参与扶贫项目和公益活动，展现了金融机构的社会责任和担当。金融机构可以与政府部门、社会组织、企业等合作，共同开展扶贫项目，如提供就业培训、技术支持、市场开拓等服务。这些扶贫活动的开展，不仅帮助了贫困农户脱贫致富,还增强了金融机构与农村社区的联系,促进了社会和谐。

第五,金融创新与乡村振兴政策协同。金融创新与乡村振兴政策协同是实现农村全面振兴的重要途径。通过金融机构的创新活动和政策的引导,可以有效地推动农业现代化、农村经济发展和社会全面进步。

金融创新有助于提供更加多样化和适应性强的金融服务,满足乡村振兴中的多元化金融需求。随着乡村振兴战略的推进,农村地区对于金融服务的需求日益增长,不仅包括传统的存贷款服务,还包括投资、保险、租赁等多元化金融产品和服务。金融机构通过创新金融产品和服务,如开发适合农村市场的互联网金融平台、推出与农业生产周期相匹配的贷款产品、提供针对农业产业链的供应链金融服务等,能够更好地服务于乡村振兴的各个方面。

金融创新有助于提高金融服务的效率和质量。随着科技的发展,金融机构可以利用大数据、云计算、人工智能等现代信息技术,优化金融服务流程,提高服务效率。例如,通过在线金融服务平台,农民可以随时随地进行转账、支付、查询等操作,极大地提高了金融服务的便捷性。同时,金融机构还可以通过大数据分析,更准确地评估贷款风险,提高金融服务的安全性和可靠性。

金融创新有助于促进农业产业升级和结构调整。金融机构可以通过创新金融产品和服务,支持农业科技创新、绿色农业发展、农业产业链整合等项目。例如,通过设立农业科技创新基金,支持农业科研机构和企业的研发活动;通过发行绿色债券,为生态农业和环保项目筹集资金。这些金融创新活动有助于推动农业向更高效、更环保、更可持续的方向发展。

金融创新还有助于加强农村地区的社会保障体系建设。金融机构可以通过创新保险产品和服务,为农民提供更全面的保障。例如,推出针对农村居民的养老保险、医疗保险、意外伤害保险等产品,帮助他们应对各种风险,减少因病因灾返贫的现象。

金融创新与乡村振兴政策的协同还体现在促进农村地区的社会和谐与稳定。金融机构可以通过参与扶贫项目、提供就业培训、支持小微企业发展等方式，帮助贫困地区和贫困农户改善生活条件，提高生活水平。这些活动不仅有助于减少贫困现象，还能够促进社会公平和谐，为乡村振兴创造良好的社会环境。

第六，风险管理与农业可持续发展协同。风险管理与农业可持续发展协同是农村金融在乡村振兴战略中发挥的另一关键作用。这种协同机制通过提供有效的风险管理工具和服务，帮助农业和农村地区应对各种潜在风险，保障农业生产的稳定性和可持续性。

风险管理是农业生产中不可或缺的一部分。农业生产面临着自然灾害、气候变化、市场价格波动等多种风险。农村金融机构通过提供农业保险、价格保险、收入保险等风险管理工具，帮助农户和农业企业分散和转移风险。这些金融产品能够减轻农户因自然灾害导致的损失，稳定他们的收入，从而保障农业生产的连续性和稳定性。

风险管理有助于推动农业的可持续发展。随着环境保护和可持续发展理念的普及，农业生产方式需要向更加环保和资源节约的模式转变。农村金融机构可以通过提供绿色信贷、支持节水灌溉项目、推广生态农业等措施，鼓励和引导农业生产者采取可持续的生产方式。这些金融产品和服务不仅有助于保护农村生态环境，还能够提高农业生产的资源利用效率和经济效益。

风险管理与农业可持续发展协同还体现在促进农业产业链的完善和升级上。农村金融机构可以通过为农业产业链上的各个环节提供风险管理服务，如为农产品加工企业提供市场风险管理工具，为农产品销售企业提供价格波动风险管理服务等，从而有效降低整个农业产业链的风险，提高产业链的稳定性和竞争力。

风险管理还能够提高农户和农业企业的金融素养和风险防范能力。农村金融机构通过开展风险管理知识培训、提供风险评估和咨询服务等，帮助农户和农业企业更好地识别和应对各种风险。这种金融教育和服务的提供，有助于提高农户和农业企业的自我发展能力和市场适应能力。

风险管理与农业可持续发展协同还有助于促进农村地区的社会稳定和经济发展。通过有效的风险管理，可以减少农户因灾害和市场风险导致的贫困现象，提高他们的生活水平和幸福感。同时，稳定的农业生产也为农村地区提供了稳定的就业机会和经济收入，促进了农村经济的全面发展和社会的和谐稳定。

通过上述协同机制的建立和完善，农村金融与乡村振兴战略形成了良性互动，共同推动农村经济社会的全面发展。农村金融不仅为乡村振兴提供了资金支持和服务保障，还通过金融创新和风险管理，促进了农业现代化、产业结构优化、社会稳定和可持续发展，为实现乡村振兴战略目标作出了重要贡献。

2.2 农村金融政策实施所需的生态环境

农村金融政策的有效实施需要一个良好的生态环境，这个生态环境不仅包括政策、法规、市场等宏观层面的因素，也包括金融机构、农户、农业企业等微观主体的参与和合作。

2.2.1 政策支持与法规环境

政策支持与法规环境是农村金融政策实施的基础和前提，它们为农村金融的发展提供了必要的外部条件和制度保障。

政策支持是推动农村金融发展的重要动力。政府可以通过出台一系列优惠政策来激励金融机构扩大农村金融服务。例如，政府可以提供税收减免，降低金融机构在农村地区的营业税负；提供财政补贴，补偿金融机构在农村金融服务中可能产生的亏损；提供低息贷款或信贷支持，降低金融机构的资金成本。这些政策的实施能够有效地吸引更多的金融机构进入农村市场，增加农村地区的金融供给。

法规环境的完善是保障农村金融市场健康运行的关键。一个健全的法规体系能够确保金融市场的公平竞争，防止金融欺诈和不良贷款的发生。政府需要制定和完善相关的金融法律法规，明确金融机构的业务范围、经营规则和监管要求。同时，法规也应保护农户和其他农村金融消费者的权益，确保他们能够获得公正和透明的金融服务。

政策支持与法规环境还需要为农村金融创新提供空间。随着科技的发展和市场需求的变化，农村金融产品和服务需要不断创新以适应新的挑战。政府可以通过设立试点项目、提供创新资金支持等方式，鼓励金融机构开发适合农村市场的新产品和服务。同时，法规也应适应金融创新的需要，为新兴的金融模式和产品提供合法性和合规性的支持。

政策支持与法规环境还需要关注农村金融服务的普及和平等。政府应确保农村金融服务不仅仅覆盖经济发达的地区，也要覆盖偏远和贫困地区。这可能需要政府通过财政支持和政策引导，鼓励金融机构在农村地区设立服务网点，提供便捷的金融服务。同时，法规也应要求金融机构对所有农村居民提供平等的金融服务，防止金融歧视的发生。

政策支持与法规环境应促进金融机构与政府、农户、农业企业等各方的合作。政府可以通过建立合作平台和机制，促进金融机构与农村地区的其他主体共同参与到农村金融活动中来。这不仅有助于金融机构更好地了解农村市场的需求，也有助于提高金融服务的效率和效果。

2.2.2 金融监管与风险控制

金融监管与风险控制是确保农村金融政策顺利实施和农村金融市场稳定运行的关键因素。它们对于维护金融秩序、保护金融消费者权益、促进金融资源有效配置具有重要作用。

金融监管是确保农村金融市场规范运作的基石。有效的金融监管能够防止金融市场的无序竞争和金融风险的积聚。监管机构需要制定明确的监管规则和标准，对金融机构的资本充足率、流动性、信贷政策等进行监管，确保其稳健经营。此外，监管机构还应加强对金融市场的监测和分析，及时发现和处置潜在的金融风险，维护金融市场的稳定。

风险控制是金融机构自身稳健经营的重要保障。面对农村金融市场的特殊性和复杂性，金融机构需要建立和完善内部风险管理体系。这包括信用风险管理、市场风险管理、操作风险管理等多个方面。金融机构应通过风险评估、风险限额设定、风险分散等手段，有效控制和降低风险。同时，金融机构还应建立健全的内部审计和合规机制，确保业务操作的规范性和合法性。

金融监管与风险控制需要适应农村金融的特点和发展趋势。农村金融市场相较于城市金融市场而言，具有信息不对称、服务成本高、风险分散等特点。监管机构和金融机构应充分考虑这些特点，制定符合农村实际情况的监管政策和风险控制措施。例如，可以利用大数据、云计算等现代信息技术手段，提高风险识别和评估的精准性，降低金融服务的成本和风险。

金融监管与风险控制还需要强化对金融消费者的保护。监管机构应加强对金融机构营销行为的监管，防止其误导金融消费者，确保金融产品和服务的信息透明和公平交易。同时，金融机构也应加强金融消费者教育，提高农村居民的金融素养，帮助他们更好地理解和使用金融产品，提高自我保护能力。

金融监管与风险控制还需要加强国际合作和经验借鉴。随着全球化的发展，农村金融市场也越来越受到国际金融市场的影响。监管机构和金融机构应加强与国际金融监管机构的交流和合作，学习借鉴国际先进的监管经验和风险管理技术，提高自身的监管能力和风险控制水平。

2.2.3　金融机构与服务网络

金融机构与服务网络是农村金融政策实施的重要组成部分，它们直接关系到金融服务的覆盖范围、质量和效率。一个健全的金融机构体系和服务网络能够有效地将金融资源输送到农村的每一个角落，满足广大农户和农业企业的金融需求，从而推动农村经济的发展和乡村振兴战略的实现。

金融机构是提供金融服务的主体，其多样性和竞争性对于提高金融服务的质量和效率至关重要。在农村地区，应鼓励各类金融机构，包括商业银行、农村信用社、农村商业银行、小额贷款公司等，参与到农村金融服务中来。

这些机构可以通过各自的优势和特色，提供差异化的金融产品和服务，满足不同农户和农业企业的个性化需求。

服务网络的建设是提高金融服务覆盖率和可达性的关键。金融机构应在农村地区广泛设立服务网点，尤其是在偏远和贫困地区，确保每个农户都能够方便地获取金融服务。除了传统的物理网点，金融机构还应积极发展移动金融服务、网上银行、电子支付等现代金融服务方式，通过科技手段延伸服务网络，提高服务效率。

金融机构与服务网络的协同发展有助于推动金融创新。随着农村经济的发展和农户需求的变化，金融机构需要不断创新金融产品和服务，以适应新的市场环境。通过与农业科技公司、电商平台等合作，金融机构可以开发更多适合农村市场的金融产品，如基于大数据的信用评估模型、与农业生产周期相匹配的贷款产品等。

金融机构与服务网络的建设还需要注重人才培养和技术支持。金融机构应加强对农村金融工作人员的培训和教育，提高他们的专业水平和服务能力。同时，金融机构应加大对金融科技的投入，利用互联网、人工智能、区块链等现代信息技术提升服务网络的智能化水平，提高金融服务的精准性和便捷性。

金融机构与服务网络的完善对于促进农村地区的社会稳定和经济发展具有重要意义。通过提供全面的金融服务，金融机构可以帮助农户和农业企业解决资金短缺问题，降低经营风险，增加收入。同时，金融服务的普及也有助于提高农户的金融素养，增强他们的风险防范意识和能力，促进农村地区的和谐稳定。

2.2.4 农户与农业企业的金融素养

农户与农业企业的金融素养是农村金融政策成功实施的关键因素之一。金融素养不仅关系到农户和农业企业能否有效利用金融服务和产品，还直接影响到农村金融市场的稳定性和农村经济发展的可持续性。

金融素养能够帮助农户和农业企业更好地理解和使用金融产品和服务。具备一定金融知识的农户能够更加明智地做出金融决策，如选择合适的贷款产品、合理规划投资和消费、有效管理资金等。这不仅有助于提高资金的使用效率，还能够降低因金融决策失误带来的风险。

提高农户和农业企业的金融素养有助于促进金融资源的有效配置。当农户和农业企业能够根据自身需求选择适合的金融服务时，金融机构能够更准确地评估和管理风险，从而更愿意向农村地区提供贷款和其他金融服务。这有助于缓解农村地区融资难、融资贵的问题，推动农业和农村经济的发展。

金融素养的提升有助于增强农户和农业企业的风险防范能力。农业生产面临诸多不确定性，如自然灾害、市场价格波动等。具备金融知识的农户和农业企业能够通过购买保险、参与期货市场等方式进行风险管理，减轻潜在风险对生产经营的影响。这不仅有助于保障农户的收入稳定，还能够维护农村金融市场的稳定。

金融素养的提高还能够促进农村地区的金融创新和经济发展。当农户和农业企业对金融市场和金融产品有了更深入的了解，他们将更愿意尝试新的金融服务和产品，如互联网金融、供应链金融等。这有助于推动金融机构开发更多适合农村市场的创新产品，满足农户和农业企业的多样化需求，进而促进农村经济的多元化发展。

提升农户和农业企业的金融素养是实现农村社会稳定和谐的重要途径。金融知识的普及有助于农户和农业企业更好地适应市场经济的变化，提高他们的经济安全感和社会满意度。同时，金融素养的提升还能够减少金融欺诈等不良现象的发生，维护农村金融市场的良好秩序。

2.2.5 市场机制与合作机制

市场机制与合作机制二者在农村金融政策的实施中占据重要地位且不可分离。市场机制确保了金融服务的供给与需求能够在竞争和效率的基础上得到平衡，而合作机制则促进了不同利益相关方之间的协作与共赢。

市场机制是提高农村金融服务效率和质量的关键。在市场竞争的驱动下，金融机构被激励去创新金融产品和服务，以满足农村客户的多样化需求。市场机制通过价格和供求关系调节，促进金融资源向更有效率的领域流动。例如，通过利率市场化，可以更准确地反映资金的成本和风险，引导金融机构向农村地区提供更多贷款。此外，市场机制还能够促进金融机构之间的健康竞争，防止垄断，保护消费者权益。

合作机制是实现农村金融政策目标的重要途径。通过政府、金融机构、农业企业、农户以及其他社会力量之间的合作，可以形成合力，共同推动农村金融服务的发展。例如，政府可以通过与金融机构合作，提供财政担保或风险补偿，降低金融机构向农村地区放贷的风险。金融机构可以与农业企业合作，开发供应链金融服务，满足农业产业链上下游企业的融资需求。此外，金融机构还可以与农户合作，提供定制化的金融产品和服务，帮助他们更好地管理资金和风险。

市场机制与合作机制的结合有助于提高农村金融服务的覆盖面和可及性。市场机制可以吸引更多的金融机构进入农村市场，提供多样化的金融服务，而合作机制则可以确保这些服务更加贴近农户的实际需求。例如，金融机构可以通过与村委会、农民合作社等合作，更好地了解农户的信用状况和资金需求，提供更加精准的金融服务。

市场机制与合作机制还有助于提高农村金融服务的透明度和公平性。在市场竞争的环境中，金融机构被要求提供更加透明和公正的金融服务，以赢得客户的信任和市场的认可。同时，通过合作机制，各方可以共同制定和遵守公平的服务标准和规则，确保农户在金融服务中得到公平对待。

市场机制与合作机制的结合有助于促进农村金融的可持续发展。市场机制鼓励金融机构追求经济效益，而合作机制则强调社会责任和长期合作。这种平衡可以确保金融机构在追求利润的同时，也关注农村金融市场的长期健康发展，支持农业和农村经济的可持续发展。

2.2.6 科技应用与创新

科技应用与创新在农村金融政策实施中的作用日益凸显。随着信息技术的快速发展，科技在金融服务中的应用已经成为推动农村金融发展、提高服务效率和质量的关键因素。

科技应用可以极大地提高农村金融服务的效率和便捷性。通过移动互联网、大数据、云计算等技术，金融机构能够提供在线申请、审批、放款等一站式服务，极大地缩短了贷款审批时间，降低了服务成本。农户可以通过手机应用程序、网上银行等渠道，随时随地获取金融服务，不受地理位置的限制。

科技创新有助于金融机构更准确地评估和管理风险。利用大数据分析技术，金融机构可以收集和分析农户的生产、销售、财务等信息，更准确地评估农户的信用状况和还款能力。此外，通过人工智能和机器学习技术，金融机构能够自动识别潜在的风险信号，提前采取措施，降低不良贷款率。

科技应用与创新可以促进农村金融产品和服务的多样化。金融机构可以根据农户的具体需求，开发定制化的金融产品。例如，通过分析农户的生产周期和资金需求，金融机构可以提供与之相匹配的贷款产品，帮助农户更好地规划资金使用方式。同时，利用区块链技术，金融机构可以提供更加透明和安全的供应链金融服务，促进农产品的流通和销售。

科技创新还可以提高农村金融服务的普及率和可及性。通过远程服务、移动支付等科技手段，金融机构能够覆盖到更广泛的农村地区，特别是偏远山区和贫困地区。这有助于缩小城乡金融服务的差距，让更多的农户享受到便捷的金融服务。

科技应用与创新有助于提升农户的金融素养。金融机构可以通过在线教育平台、社交媒体等渠道，向农户普及金融知识，提高他们的金融意识和管理能力。同时，通过科技手段，农户可以更容易地获取市场信息、价格动态等，帮助他们做出更合理的生产和经营决策。

2.2.7 社会环境与文化因素

社会环境与文化因素在农村金融政策的实施中的作用也不可忽视。它们不仅影响农户和农业企业对金融服务的接受度和使用情况，还关系到农村金融市场的稳定性和可持续发展。

社会环境的稳定性是农村金融政策顺利实施的基础。一个安全、和谐的社会环境能够为金融机构提供良好的运营条件，降低经营风险。例如，社会稳定可以减少因冲突、灾害等不可预见事件导致的金融损失，保障金融机构的资产安全。此外，稳定的社会环境也有利于维护金融市场秩序，打击金融诈骗和非法集资等违法行为，保护农户和农业企业的合法权益。

文化因素对农村金融服务的接受度和使用情况有着深远的影响。农村地区的传统文化、价值观念和生活习惯可能与现代金融服务存在差异，这要求金融机构在设计和提供金融产品和服务时，必须充分考虑当地的文化特点和农户的实际需求。例如，金融机构可以结合农村地区的传统节日和习俗，推出相应的金融活动和优惠政策，提高农户的参与度和满意度。

社会环境与文化因素对农村金融教育和金融素养的提升具有重要作用。金融知识的普及和金融意识的培养需要社会各界的共同努力。政府、教育机构、媒体和金融机构可以通过多种渠道和方式，如开展金融知识讲座、制作金融知识手册、利用广播和电视进行宣传等，提高农户的金融素养。同时，通过尊重和融入当地文化，金融教育活动更容易被农户接受和理解，从而提高教育效果。

社会环境与文化因素还影响着农村金融政策的社会支持度和合作氛围。政府、金融机构、农业企业、农户以及其他社会组织之间的良好合作关系，有助于形成共同推动农村金融发展的强大合力。例如，政府可以通过政策引导和激励措施，鼓励金融机构与农业企业、农户建立长期合作关系，共同探索适合当地实际的金融服务模式。

综上所述，一个健康、和谐、可持续的农村金融发展生态环境，需要各方面因素的良性互动和相互支撑。政策环境需要为金融发展提供指导和保障，法律环境需要为市场参与者提供公平公正的游戏规则，技术环境需要为金融服务提升便捷性和效率，而文化环境、经济环境、社会环境和生态环境等都应综合考虑，以制定适应当地特色的金融产品和服务，从而推动农村金融的全面发展。

3

模式与绩效：乡村振兴下农村金融的现状

3.1　农村金融政策梳理

3.1.1　国家层面农村金融政策

在推动农业现代化和实施乡村振兴战略的宏观背景下，农村金融政策作为国家宏观调控的关键工具，对促进农村经济的健康发展起到了至关重要的作用。国家层面的农村金融政策不仅涵盖了信贷支持、税收优惠、风险补偿等传统领域，也包括了金融创新、普惠金融、绿色金融等新兴领域。这些政策的制定和实施，旨在解决农村地区融资难、融资成本高等问题，推动农业产业链的延伸和价值链的提升。

2020年12月，中共中央和国务院共同发布了《关于实现巩固拓展脱贫攻坚成果同乡村振兴有效衔接的意见》的文件，其中在金融服务政策方面，该文件包含了以下几个关键点：在政策工具层面，将持续利用再贷款的优势，保持现有的再贷款援助政策在延长期内的稳定性。在信贷方面，将进一步完善针对脱贫人群的小额信贷政策，并鼓励那些有较大资金需求且满足贷款条件的个人申请创业担保贷款；增强对脱贫地区具有优势和特色的产业的信贷支持。在保险领域，鼓励各地区根据实际情况开发适合当地的优势特色农产品保险，并加大对这些产业的保险支持。在直接融资方面，脱贫地区将继续享受企业上市的"绿色通道"政策。同时，文件还提出了探索农产品期货期权与农业保险相结合的新机制。

3.1.1.1　政策目标定位

（1）支持农业现代化：国家层面的农村金融政策旨在通过资金支持和信贷政策，促进农业科技进步，鼓励农业生产方式的创新和农业经营模式的转变。这包括支持农业机械化、智能化发展，以及对农业生物技术、节水灌溉、生态农业等先进农业技术的应用和推广。同时，政策鼓励金融机构为农业产业化、规模化和现代化转型提供必要的金融支持，包括但不限于农业基础设施建设、农业科技创新、农产品加工和流通等领域。

（2）促进产业融合：政策鼓励农村地区发展多元化经济，推动农业与第二、三产业的有效融合。这涉及支持农村地区发展乡村旅游、农产品深加工、农村电商等产业，实现产业链的完善和价值链的升级。通过金融支持，促进农业产业链的延伸和农村新产业新业态的发展，增强农业的综合竞争力和抗风险能力。

（3）实现农民增收：国家层面的农村金融政策注重提高农民收入水平，通过提供小额信贷、农业保险、价格保险等金融产品和服务，减少农民生产经营风险，保障农民收入稳定。此外，政策还鼓励金融机构开发适合农民特点的储蓄、投资和理财服务，帮助农民实现资产的保值增值，从而缩小城乡差距，提升农村居民的生活质量。

（4）优化农村金融服务：政策强调提升农村金融服务的便利性和可达性，通过建设农村金融服务网络、推广移动支付和互联网金融服务等措施，使农民能够更加方便地获取金融服务。同时，政策鼓励金融机构根据农村居民的实际需求，提供多样化的金融产品和服务，如针对农村青年创业的贷款产品、针对老年人的养老金融服务等，满足农民多样化的金融需求。

国家层面农村金融政策的目标定位是通过一系列具体的政策措施来体现的。这些措施涵盖了信贷政策、金融机构支持、创新金融产品以及财政补贴等多个方面，旨在构建一个全面而高效的金融支持体系，以满足农业和农村发展的多元化需求，并确保政策效果的最大化。

3.1.1.2 政策主要内容

（1）信贷政策

低利率贷款：为了降低农业和农村经济发展的融资成本，国家层面推出了低息贷款政策。这些政策旨在为农业经营主体提供低成本的资金支持，以促进农业生产和农村经济的稳定增长。例如，中国农业发展银行等政策性银行在实施农业项目时，会提供低利率的贷款。

差异化信贷政策：针对不同地区、不同类型的农业经营主体和农业项目，实施差异化的信贷政策。包括对贫困地区、特色农产品生产区、农业科技创新项目等给予特别的信贷支持,以及根据农业生产的季节性特点,提供灵活的贷款期限和还款方式。

确保资金供给:为了确保农业和农村经济发展所需的资金,国家层面的信贷政策强调要增加对农业和农村的信贷投放。这涉及优化信贷结构,提高农业贷款的可获得性和满足性,确保资金能够有效流向农业和农村的关键领域和薄弱环节。

(2)金融机构支持

增设农村网点:鼓励和引导商业银行、农村信用社、村镇银行等金融机构增设农村网点,特别是在偏远和贫困地区。这有助于提高农村金融服务的覆盖面和可达性,使更多的农村居民和农业经营主体能够享受到便捷的金融服务。

拓展服务范围:金融机构被鼓励拓展农村金融服务的范围,包括提供存款、贷款、支付、保险、理财等多元化的金融服务。同时,推动金融机构开发适合农村市场的金融产品,如针对农业生产特点的季节性贷款、农业保险、价格保险等。

专业化服务:金融机构被要求加强农村金融服务的专业化建设,通过培训专业的农村金融服务团队,提高对农业和农村经济发展特点的认识和服务能力。

金融科技创新:鼓励金融机构利用金融科技,如移动支付、互联网金融等,提高农村金融服务的效率和质量。通过技术创新,降低服务成本,提升用户体验。

(3)创新金融产品

农村金融政策鼓励金融机构根据农村市场的特点和需求,研发和推出一系列创新金融产品。这些产品旨在解决农村地区融资难题,提升金融服务的覆盖率和满意度,促进农村经济的发展。

小额信贷:政策支持金融机构为农户和农村小微企业提供小额信贷服务,帮助他们扩大生产、改善生活条件。小额信贷通常具有门槛低、手续简便、放款快捷等特点,适合农村地区的实际情况。

农业保险：推广农业保险产品，如种植保险、养殖保险等，以减轻农户因自然灾害、疫情等不可预见因素造成的损失。这些保险产品有助于提高农户的风险管理能力，稳定农业生产。

如自 2007 年起，国家开始执行农业保险保费的补贴政策，中央财政部门至今已累计发放了 2201 亿元的补贴资金，呈现出每年平均 21.7% 的增长率。到了 2022 年，中央财政对农业保险的保费补贴金额达到了 434.53 亿元，与前一年相比增长了 30.3%。2022 年，我国农业保险的保费总额达到了 1192 亿元，年增长率为 23%，这一成就进一步巩固了我国在全球农业保险市场中的领先地位。通过这些保险措施，为超过 1.67 亿户的农户群体提供了高达 5.46 万亿元的风险保障。

投融资产品：鼓励金融机构开发适合农村特点的投融资产品，如农业产业链金融、农村基础设施建设债券等，吸引更多的社会资本投入农村发展项目。

（4）财政补贴和税收优惠

为了激励金融机构和农村参与者积极参与农村金融服务，国家层面出台了一系列财政补贴和税收优惠政策。

税收减免：对农村金融机构提供的小额贷款利息收入、农业保险保费收入等给予税收减免，降低金融机构的税负，鼓励其扩大农村金融服务。如在农户小额贷款利息收入方面，在计算应纳税所得额时，按 90% 计入收入总额；在增值税政策方面，对金融机构向农户发放小额贷款取得的利息收入，免征增值税；在企业所得税方面，对保险公司为种植业、养殖业提供保险业务取得的保费收入，在计算应纳税所得额时，也按 90% 计入收入总额。

财政补贴：目前，中央政府没有直接的补贴政策，只是鼓励地方政府使"货币政策形成合力，支持乡村振兴相关领域贷款发放"。上海市曾发布文件，对于符合存贷比高于 50% 等条件的农村金融机构，给予一定的财政奖励或补贴支持。

激励措施：通过提供风险补偿、贷款贴息等方式，降低农户和农村小微企业的融资成本，鼓励他们利用金融产品发展生产。

农村金融享有的税收优惠政策，实际上与普惠金融一系列税收优惠政策重叠。金融机构向农户发放的小额贷款所产生的利息收入，将被免征增值税。此外，当金融机构计算其应纳税所得额时，将这部分利息收入的90%纳入计算。同样，保险公司在为农业种植和养殖行业提供保险服务时所获得的保费收入，在应纳税所得额的计算中也将按照90%的比例进行计提。此外，对于省级金融管理机构（如金融办或金融局）批准的小额贷款公司，其从农户小额贷款中获得的利息收入同样免征增值税，并在计算应纳税所得额时，只将这部分利息收入的90%计入其中。这些小额贷款公司根据年末贷款余额的1%提取的贷款损失准备金，也被允许在企业所得税税前扣除。为农户、小型企业、微型企业以及个体工商户提供借款或发行债券担保的纳税人，其获得的担保费收入，以及为这些担保提供再担保所取得的再担保费收入，均免于征收增值税。这些措施旨在减轻金融机构的税收负担，鼓励它们更多地支持农业和小微企业的发展。

3.1.1.3 实施机制

（1）监管体系

监管体系是确保农村金融市场健康有序发展的重要保障。通过强化金融监管，可以有效防范和化解金融风险，保护金融消费者的合法权益，促进金融市场的稳定和可持续发展。

差异化监管：金融管理部门持续完善差异化监管政策，强化对银行业金融机构的分类考核督促，制定涉农贷款差异化考核目标。2021年5月，中国人民银行、银保监会联合发布《金融机构服务乡村振兴考核评估办法》（中国人民银行、中国银行保险监督管理委员会公告〔2021〕第7号），农村金融考核评估对象扩展至全部银行业金融机构，明确了评估对象、评估指标和方法、评估程序、评估结果和运用等具体内容，强调了对新型农业经营主体、小农户等的支持。银保监会对涉农信贷增量增速均提出明确要求，并对普惠型涉农贷款增长较突出的机构，在监管上实施差异化考核。要求各银行机构要单列涉农和普惠型涉农信贷计划，完成差异化普惠型涉农贷款增速目标。

加强监管协调：通过建立健全金融监管协调机制，确保金融监管政策的一致性和有效性。加强中央与地方、不同监管部门之间的信息共享和政策协同，形成监管合力。

完善监管法规：制定和完善农村金融相关的法律法规，明确金融机构的经营行为规范，加强对农村金融市场的监督管理，确保金融市场的公平、公正和透明。

风险防控：建立健全农村金融风险防控体系，加强对金融机构的风险评估和监测，及时发现和处置金融风险，维护金融市场的稳定。

监管科技应用：运用现代科技手段，如大数据、云计算、人工智能等，提高金融监管的效率和精准度，实现对农村金融市场的动态监控和实时管理。

（2）政策配套

政策配套是确保农村金融政策有效执行的重要基础。通过设立配套的金融基础设施和服务网络，可以提高金融服务的覆盖面和可达性，确保政策措施落到实处。

金融服务网络建设：加强农村金融服务网络建设，包括农村信用社、村镇银行、邮政储蓄等机构的建设和改革，提高农村金融服务的覆盖率和便利性。

金融基础设施完善：完善农村地区的支付清算、信用信息、担保抵押等金融基础设施，为农村金融服务提供坚实的支撑。

金融产品和服务创新：鼓励金融机构创新适合农村市场的金融产品和服务，如小额信贷、农业保险、绿色金融等，满足农村居民和农业经营主体的多样化金融需求。

（3）多元合作

多元合作是推进农村金融政策实施的重要途径。通过政府与金融机构、社会组织、非政府组织等多元主体的合作，可以形成合力，共同推动农村金融政策的实施。

政府与金融机构合作：政府与各类金融机构建立合作关系，共同设计和实施农村金融政策。金融机构在政策指导下，提供适合农村市场的金融产品和服务，满足农村居民和农业经营主体的金融需求。

社会组织参与：鼓励和支持社会组织参与农村金融服务，如提供金融知识培训、信用评估、风险担保等服务，帮助提升农村居民的金融素养和金融服务的可获得性。

非政府组织协作：非政府组织在农村金融政策实施中发挥独特作用，如通过小额信贷项目支持农村小微企业发展，通过农业保险项目提高农户的风险抵御能力。

（4）特色方向

①普惠金融

强化普惠金融服务的普及性：政策强调要确保金融服务覆盖所有农村地区，包括偏远山区和贫困地区，使得所有农村居民都能够享受到基本的金融服务。

提升金融服务的可得性：通过优化金融服务网络，提高金融机构在农村地区的覆盖率，确保农村居民能够方便地获取金融服务，包括存款、贷款、支付、保险等。

增强金融服务的满意度：政策鼓励金融机构创新金融产品和服务，满足农村居民多样化的金融需求，提高农村居民对金融服务的满意度。

推动金融产品和服务的创新：政策支持金融机构开发适合农村市场的金融产品，如小额信贷、农业保险、绿色金融产品等，以更好地服务于农村经济发展。

加强金融知识普及和教育：政策强调提高农村居民的金融素养，通过开展金融知识普及活动，帮助农村居民更好地理解和使用金融产品，提高风险防范意识。

完善农村信用体系：政策推动建立和完善农村信用信息平台，加强信用信息的收集和共享，为金融机构提供更准确的信用评估依据，降低金融服务的风险。

②绿色金融

绿色金融是指为支持环境改善、应对气候变化和资源节约高效利用，对环保、节能、清洁能源、绿色交通、绿色建筑等领域的项目投融资、项目运营、风险管理等所提供的金融服务。在农村金融政策中,绿色金融的推广旨在促进生态农业和可持续发展项目,如清洁能源、环境保护等。

生态农业支持：政策鼓励金融机构为生态农业提供资金支持,包括有机农业、节水灌溉、生物多样性保护等项目。

清洁能源项目：金融机构被引导支持农村地区的清洁能源项目,如太阳能、风能、生物质能等,以减少对化石能源的依赖和环境污染。

环境保护项目：绿色金融政策还包括对农村地区环境保护项目的资助,如污水处理、垃圾处理、土地修复等。

③数字金融

数字金融利用数字技术,如移动支付、互联网银行、云计算等,提供更加便捷、高效的金融服务。在农村地区,数字金融的发展有助于缩小城乡金融服务差距,提高金融服务的普及率和便捷性。

移动支付服务：推广移动支付服务,使农村居民能够通过手机等移动设备进行转账、支付、查询等金融操作。

互联网银行服务：发展互联网银行,为农村居民提供在线贷款、理财、保险等金融服务,提高金融服务的可及性和效率。

金融科技发展：鼓励金融机构利用大数据、人工智能等技术进行风险评估和信贷管理,提高金融服务的精准性和安全性。

国家层面的农村金融政策,从总体上讲,要既服务于"三农",又要与国家经济发展的大格局相协调。通过创新金融服务模式、产品和工具,以及强化监管体系,政府旨在构建一个运转高效、服务广泛、风险可控的农村金融体系,为实现农村经济的社会稳定与持续发展提供强有力的支持。

3.1.2 地方政府支持农村金融政策

地方政府在支持农村金融政策方面发挥着至关重要的作用,它们负责将国家层面的政策进行具体化、地方化的实施。在执行国家政策的同时,地方政府会基于本地区农业特色、农村经济状况和金融服务需求,制定和完善地方性政策措施。地方政府支持农村金融政策主要包括以下几个方面：

(1) 政策引导

地方政府在推动农村金融政策时特别关注本地农业的特色和优势。通过深入了解本地区的农业资源、产业布局和市场需求，地方政府能够采取更具针对性的金融支持措施。例如，对于以水果种植著称的地区，政府可能会推出专门的信贷产品，支持农户扩大种植规模、引进先进的种植技术和设备，或是进行农产品的深加工，提高产品的附加值。此外，政府还鼓励金融机构为特色农业提供更为灵活的贷款条件，如低利率贷款、长期贷款或季节性贷款等，以满足农户在不同生产阶段的资金需求。同时，政府也会通过提供担保、贴息等措施，降低金融机构的风险，从而促进更多的金融资源流向特色农业领域。

(2) 财政支持

专项资金：有的地方政府设立了农村金融服务发展专项资金，旨在鼓励和引导金融机构增加对农村地区的金融投入，特别是对于那些服务于农业和农村经济发展的合法业务。这些专项资金可以用于多种目的，如补贴金融机构在农村地区设立服务网点的成本，或是对金融机构提供的农业贷款给予一定比例的利息补贴，降低农户的贷款成本。此外，专项资金还可以用于支持农业保险的发展，通过补贴保费的方式，减轻农户因自然灾害等不可预见因素造成的经济损失。同时，专项资金也可以用来资助农业科技创新项目，推动农业现代化进程，提高农业生产效率和产品质量。

税收减免：为了进一步激励金融机构在农村地区开展业务，有的地方政府实施了一系列的税收优惠政策。这些政策可以包括减免金融机构在农村地区的增值税等税种，降低金融机构在农村地区的运营成本，从而使得金融机构更愿意将资源投入到农村金融服务中。税收优惠政策还可以针对特定的金融产品或服务，比如对农村小额信贷、农业保险等业务给予更优惠的税率，以此鼓励金融机构开发更多适合农村市场的金融产品。同时，对于在农村地区投资建设基础设施的金融机构，地方政府也可以提供城镇土地使用税、房产税等方面的减免，以降低其长期运营的财务负担。

(3) 金融基础建设

基础设施完善：为了使农村地区的居民能够享受到便捷的金融服务，很多地方政府大力推进金融基础设施的建设。包括在乡村地区增设银行网点，使得农民能够在较近的距离内办理金融业务，减少因地理距离带来的不便。同时，应加强自动取款机（ATMs）的部署，特别是在人流量较大的集市、商业区等地点，以满足农民日常的取款和查询需求。此外，随着科技的发展，移动支付设施的普及也变得尤为重要。地方政府可以通过与金融机构合作，推广移动支付技术，使得农民能够通过手机等移动设备进行转账、支付等操作，极大地提高金融服务的便捷性。除了硬件设施的建设，还应注重软件服务的提升，如加强金融知识普及，提供多语言服务，以适应不同文化背景的农民需求，确保金融服务的普及性和可及性。

通信网络建设：通信网络建设是实现农村金融服务现代化的关键。地方政府应与通信运营商合作，加快农村地区的通信网络建设，提高网络覆盖率和稳定性，确保农民能够顺畅地使用互联网和移动网络服务。在通信网络建设的基础上，可以进一步推广线上金融服务平台，如网上银行、手机银行等，让农民足不出户就能办理各种金融业务。同时，也可以通过网络平台提供金融教育和咨询服务，帮助农民更好地理解和使用金融产品。此外，地方政府还可以利用大数据、云计算等现代信息技术，对农村金融市场进行分析和预测，为金融机构提供决策支持，同时也为农民提供更加精准和个性化的金融服务。

(4) 创新激励

金融产品创新：地方政府通过政策引导和资金支持，鼓励金融机构根据农村地区的实际情况和需求，开发和推出新的金融产品。这些产品应当具有针对性和适应性，能够解决农民在生产经营中遇到的实际问题。例如，针对农业生产的季节性和不确定性，金融机构可以设计出与之相适应的季节性贷款产品，帮助农民解决种植和养殖周期内的资金周转问题。同时，为了支持农业产业链的延伸和价值提升，金融机构还可以推出农产品加工贷款、农业旅游项目贷款等创新产品，促进农业产业的多元化发展。此外，地方政府还可以推动金融机构开发适合农村小微企业和农民合作社的金融产品，如小额信贷、联保贷款等，以满足这些主体的发展资金需求，推动农村经济的活跃和创新。

服务方式创新：为了进一步提升农村金融服务的覆盖面和效率，地方政府积极支持银行及其他金融服务提供者探索和实践新的服务模式。例如，移动银行车作为一种创新的服务方式，它能够将银行服务直接带到农民的家门口，提供开户、存取款、转账、咨询等一站式服务，极大地方便了那些交通不便或距离银行网点较远的农民。此外，代理银行模式也是一种有效的服务方式创新。通过与农村地区的便利店、邮局等地方性服务机构合作，金融机构可以扩大服务网络，使得农民在日常生活中的各个环节都能够接触到金融服务。这种模式不仅提高了金融服务的可及性，还能够降低金融机构的运营成本，实现资源的优化配置。

（5）风险管理

农业保险作为一种风险管理工具，能够帮助农民应对自然灾害、病虫害、市场价格波动等不可预见的风险。有的地方政府通过多种方式推广农业保险产品，减轻这些风险对农业生产的影响。地方政府提供保费补贴，降低农民购买农业保险的成本，提高其参保意愿。同时，政府还与保险公司合作，开发适合当地农业特点的保险产品，如针对特色农作物的产量保险、价格保险等，提供更加精准的保障。此外，地方政府还可以加强农业保险知识的普及和教育，提高农民对农业保险的认识和理解，促使其更加积极地利用保险工具进行风险管理。通过这些措施，农业保险将更加普及，农业生产的安全性和稳定性将得到有效提升。

（6）社会参与

有的地方政府积极鼓励和支持民间资本参与农村金融市场的建设和发展。这不仅可以增加农村金融服务的供给，还可以引入更多的创新和活力。例如，可以通过政策扶持和税收优惠等方式，支持村镇银行、农村合作金融机构等民间金融机构的发展。这些机构通常更加了解当地的实际情况和需求，能够提供更加贴心和适宜的金融服务。此外，地方政府还可以引入互联网金融企业、农业龙头企业等新型金融服务主体，通过他们的技术和渠道优势，为农村地区提供更加多元化和便捷的金融服务。同时，政府还可以通过建立合作平台，促进这些金融机构与银行、保险公司等传统金融机构的合作，共同开发适合农村市场的金融产品和服务。

地方政府通过上述措施，为农村金融的可持续发展和农村经济的整体提升提供了有力支持。地方特色和实际需求在政策制定与执行中起到关键性的作用，以期达到既符合国家战略，又适应地方实际的政策效果。

3.2 农村金融实施模式

在乡村振兴的背景下，我国农村金融模式的选择应遵循以下原则：强而有力的金融供给体系，金融机构之间有明确的分工，发挥合作与协同效应，适应农村经济发展特点，满足农民金融需求，扩大金融覆盖面，有利于优化资产配置，提高金融服务效率，具有可持续发展能力，实现农业持续发展、农村繁荣稳定和农民持续增收，促进农业现代化和农村产业升级。

根据上述原则，我国目前农村金融实施模式可以概括为：机构不变，任务微调；并联管理，体系松散；增加供给，条件宽泛；指标考核，组织领导。

（1）机构不变，任务微调

在乡村振兴战略的引导下，我国对农村金融领域的改革并未涉及大规模机构增设，而是实施了一种逐步改革的策略。这一策略的重点是，在维持现有金融机构架构不变的条件下，适当调整这些机构的服务功能和经营范畴，以应对农村金融需求的新趋势。

回顾改革开放以来的40年，我国农村金融体系发生了一系列变化：1979年，中国农业银行恢复，1986年邮政储蓄介入农村存款业务，1994年三家政策性银行成立；2003年农信社深化改革，2006年农村地区银行业金融机构的准入条件放宽，2009年小额贷款公司被允许改制为村镇银行；2010年农业银行上市，2016年和2019年邮储银行分别在港交所与上交所上市；2018年《乡村振兴战略规划（2018—2022年）》发布。

纵观农村金融演变历程，我国农村金融体系在近二十年来基本保持稳定，新农村建设和乡村振兴政策的实施，并没有使农村金融在机构数量上明显增加。相反地,农业银行与邮储银行的上市,使得它们的主要精力和主要业务发生了偏移,农村金融业务事实上被削弱了。农村信用社的商业化改革,更进一步动摇了其支农的根基。两大银行的上市以及农村信用社的商业化改革,对农村金融服务带来了隐患。为应对这一负面效应,金融管理部门对所有金融机构均下达了涉农贷款任务,以抵消已经弱化的农村金融服务带来的影响。

(2) 并联管理,体系松散

在我国农村金融领域,人民银行负责制定宏观金融政策和监管规则,对整个金融系统进行指导和监督。在这一体系下,商业银行、农村合作银行、农村信用社、村镇银行等金融机构,虽然业务领域有所重叠,但它们各自独立运作,负责自己的业务范畴和市场定位。这些机构在涉农业务上没有直接的上下级管理关系,而是根据人民银行的宏观政策和指导意见,自主开展业务活动。

在这种并联体系下,各金融机构之间缺乏必要的横向联系和信息交流。人民银行除了对各家金融机构下达涉农贷款指标外,并没有其他显著的制约和管理措施,因而表现得松散和无序。

(3) 增加供给,条件宽泛

我国农村金融面临的一个突出问题是金融服务的不足。这种不足既表现在金融产品的缺乏、金融服务覆盖面窄、金融资源配置的不均衡等多个层面,又体现在金融产品单一、服务网络不健全、信贷资源分配不均等多个方面。

为了解决农村金融服务不足的问题,我国采取了一系列措施,其中之一就是对所有金融机构下达涉农贷款任务。这一策略的核心在于通过政策引导,增加金融机构对农村地区的金融资源投入。但对各家金融机构下达指标并未对其涉足领域、空间范围和利率水平等方面做出明确的要求,因而各家银行的涉农业务差异性较小。

(4) 指标考核,组织领导

农村贷款相较于城市贷款面临更高的风险,这些风险因素包括但不限于农业生产的不确定性、农村地区的信息不对称以及农村金融服务基础设施的不完善等。商业银行从自身风险和效益出发,往往对农村金融服务较为谨慎。

为了解决农村地区金融服务不足的问题,人民银行通过下达年度涉农贷款增量指标的方式,鼓励和引导金融机构增加对农村地区的信贷支持,希望满足农村多样化的金融需求。

为响应金融监管部门的号召,也为更好地开展乡村振兴业务,政策性银行和大型商业银行均在总行层面成立了金融服务乡村振兴工作领导小组,由董事长亲自挂帅,统筹协调全系统的金融服务乡村振兴工作。大型银行与12家全国股份制银行均设立了普惠金融事业部。125家城商行设立了"三农"金融事业部或普惠金融事业部。

3.3 农村金融体系构成及业务种类

3.3.1 农村金融供给体系构成

由于农村信用社的商业化改革基本完成,由原来的合作性金融转变为农村商业银行,而农村资金互助社数量虽多但大都名存实亡,因而合作性金融已不再包含在我国农村金融体系之内,现有的农村金融体系构成如图3-1所示。

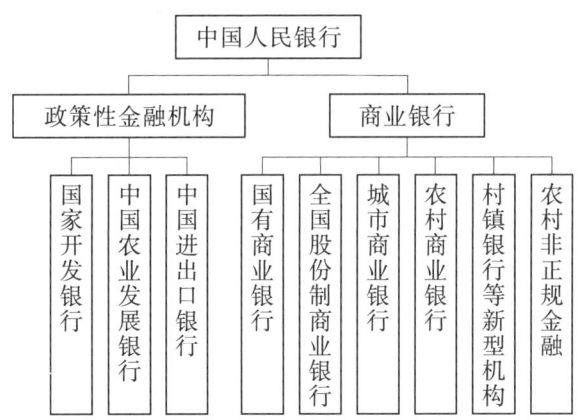

图3-1 我国农村金融体系构成

各类金融机构的功能如下:

(1) 政策性金融机构:政策性金融机构如国家开发银行、中国农业发展银行和中国进出口银行,它们在推动农村金融发展中扮演着关键角色。国家开发银行主要负责支持国家重大发展战略和薄弱环节的融资需求,包括农村基础设施和生态环境建设项目。中国农业发展银行则专注于农业政策性贷款,为农业产业化、农村基础设施建设以及农产品收购提供资金支持,是实现国家农业和农村发展战略的重要金融工具。中国进出口银行则通过提供出口信贷和贸易融资,支持农产品的国际贸易,促进农业产业的外向型发展。

这些政策性银行通过其独特的金融服务和产品,为农村经济发展提供了长期、稳定且低成本的资金来源,有效促进了农业现代化和农村地区的经济提升。它们在涉农贷款领域的积极作用体现在对农业项目提供的优惠利率贷款、对农业科技创新的金融支持,以及对农业产业升级和结构调整的促进。

(2) 商业银行:包括国有商业银行、全国股份制商业银行、城市商业银行以及外资银行等,在国家政策引导和市场化改革的背景下,商业银行在农村地区广泛设立分支机构,提供储蓄、贷款等基础金融服务,同时也发展了一系列针对"三农"的信贷产品,它们将现代金融服务延伸到农村,满足农民和农业企业的金融需求。

(3) 新型商业银行,主要是农村商业银行:主要为农户提供小额贷款、储蓄以及其他金融服务,帮助农民解决资金短缺问题,促进农业和农村经济的发展。根据银保监会公布的数据,截至 2022 年 6 月,农村商业银行的数量达到了 1600 家。截至 2022 年末,农村合作金融机构(含上述农村商业银行、572 家农村信用社与 23 家农村合作银行),总资产规模达到 47.62 万亿元,其中贷款总额 26.41 万亿元。

(4) 微型金融机构:主要指村镇银行、贷款公司、小额贷款公司等。截至 2022 年末,全国村镇银行共有 1645 家,资产规模总计 2.2 万亿元,贷款规模 1.45 万亿元,县域覆盖率 68%;农村资金互助社 37 家(较 2022 年 6 月末减少 2 家),主要分布在生产合作组织较多或以农业为主的 16 个省(自治区和直辖市);贷款公司 4 家,总资产 4.5 亿元;小额贷款公司共有 5958 家,贷款余额 9086 亿元。上述微型金融机构专注于为农村地区的小型企业和低收入群体提供小额贷款、储蓄和其他金融服务，弥补传统金融机构服务的不足。它们通过灵活的贷款条件和便捷的服务，满足农村客户的个性化需求。需要说明的是，农村资金互助社虽有合作金融的属性，但不论数量还是业务规模均已经式微，且呈继续萎缩之势，不再归为合作金融之列。

（5）互联网金融服务提供商：互联网金融服务提供商通过网络平台，为农村居民提供便捷的金融服务，如网上银行、移动支付、P2P 借贷等。它们利用科技手段，拓宽金融服务的覆盖范围，提高服务效率。

（6）民间金融：包括民间自由借贷、私人钱庄、合会和民间集资等，由于形式多样，隐蔽性强，数量与业务规模无法统计。

3.3.2 农村金融业务种类

我国农村金融业务种类较为丰富，涵盖了与农业生产、农产品加工和销售、农村基础设施建设、农民生活等相关的金融服务。

（1）存款业务。农村居民和企业可以在各类金融机构开设存款账户，享受多样化的存款服务。活期存款便于资金的灵活运用，定期存款则提供较高的利息收益，而定活两便存款则结合了两者的优点，既保证了一定的流动性，又可以获得相对较高的收益。

（2）贷款业务。贷款业务是农村金融的重要组成部分，包括多种类型的贷款服务，如针对农业生产的贷款、扶贫小额贷款、农村产权交易质押贷款等。这些贷款产品旨在满足不同农户和农村企业的资金需求，支持农业生产和农村经济的发展。

（3）支农担保业务。支农担保业务通过银行和担保机构为农业项目提供担保服务，降低农户和农业企业的融资门槛。这种服务有助于农户更容易地获得贷款，同时也降低了金融机构的信贷风险。

（4）资金结算业务。资金结算业务为农民和企业提供基础的金融服务，包括资金收付、转账结算、汇款等，保证了资金流动的便捷性和安全性，促进了农村经济的活跃。

（5）农村金融债券业务。农村金融债券是金融机构为筹集资金而发行的债券产品，专门用于支持农村金融业务。这些债券为投资者提供了投资渠道，同时也为农村金融发展提供了资金支持。

（6）农业信贷证券化。农业信贷证券化是将农业贷款资产打包转化为证券产品，使得这些资产可以在资本市场上流通。这种做法增加了金融机构的资金来源，同时也为投资者提供了新的投资选择。

（7）农产品期货及现货贸易融资。农产品期货及现货贸易融资服务支持农产品生产者、加工企业和经销商参与期货和现货市场。这些金融服务帮助市场参与者管理价格风险，同时也促进了农产品市场的稳定和发展。

（8）互联网金融服务。互联网金融服务如在线支付、P2P借款、众筹等，为农村居民提供了便捷的金融服务，由此降低了金融服务的门槛，使得更多的农村居民能够享受到现代金融服务。

（9）金融租赁业务。金融租赁业务为农业相关的大型设备和机械提供融资租赁服务。这种服务减轻了农户和农业企业的一次性资金投入压力，使得他们能够更加灵活地使用先进的农业设备。

（10）政策性立项贷款。政策性立项贷款是国家为支持某些特定项目而提供的贷款支持，如扶贫开发工程贷款、科技推广贷款等。这些贷款通常具有优惠的利率和贷款条件，旨在推动农村经济的特定领域发展。

（11）财富管理业务。随着农村居民财富的增长，财富管理业务也越来越受到重视。金融机构提供基金、理财产品、股票、债券等投资渠道，帮助农村居民实现资产的保值增值。

（12）电子银行业务。电子银行业务如网上银行、手机银行等，提供了便捷的电子化金融服务，使得农村居民可以在任何时间、任何地点办理金融业务，极大地提高了金融服务的可及性和便利性。

（13）农业知识产权及品牌融资。针对具有知识产权和品牌价值的农业企业，金融机构提供专门的金融支持，这有助于农业企业保护和发展自身的知识产权和品牌，提升市场竞争力。

（14）农村资本市场服务。农村资本市场服务为农村地区企业提供了上市辅导、资产证券化等服务，这有助于农村企业拓宽融资渠道，提高企业的知名度和影响力，促进企业的快速发展。

3.4 农村金融实施绩效

3.4.1 农村金融宏观绩效

在各级政府、各类金融机构及其他农村金融参与者的共同努力下，我国农村金融取得了较好的宏观绩效表现，主要有：

（1）金融深化。近年来，我国农村地区的金融服务普及程度显著提高。金融机构在农村的分布更加广泛，金融服务站、自助银行设施等基础设施建设不断加强。金融产品的多样性也得到了丰富，除了传统的存贷款服务外，还涵盖理财产品、支付结算等多元化金融服务。根据最新数据，截至2023年4月末，我国涉农贷款余额达到53.16万亿元，同比增长16.4%，显示出金融服务覆盖率的提升和农民使用金融服务普及率的增加。

（2）金融服务包容性。随着共同富裕、乡村振兴战略的实施，普惠金融和农村金融的发展得到空前重视，金融服务的包容性也在不断提高，特别是对贫困人口、小规模农户等金融服务不足群体。通过实施精准扶贫、乡村振兴战略等政策，推动金融服务向这些群体倾斜，确保他们能够获得必要的金融支持。

（3）金融服务普及。近年来，我国政府大力推动农村金融服务的普及，通过建立和完善农村金融服务体系，使得农村地区的金融服务覆盖率显著提高。农村商业银行、农村信用社、农村合作银行等金融机构的广泛设立，以及移动支付和在线银行服务的推广，让农村居民能够更加便捷地获得金融服务。

（4）信贷扩张。农村金融机构在信贷投放上对"三农"领域给予了大力支持，特别是对于粮食生产、农业科技创新、高标准农田建设等关键领域，各类金融机构加大了信贷投放力度，农业及农村信贷总量持续增长，通过提供针对性的信贷产品，如农业贷款、农户小额信用贷款等，有效支持了农业现代化和农村基础设施建设，促进了农村经济的多元化发展。

（5）金融支农效率。金融资源配置的效率和有效性得到了显著提升。信贷资金更多地投向了农业现代化、农村基础设施建设等关键领域，贷款回报率提高，与农村经济发展之间的相关性增强。例如，通过优化贷款结构，支持农业产业化经营，推动了农业产值的提升和农民收入的增加。

（6）金融创新。为了更好地适应农村市场的需求，金融机构推出了多种创新的金融产品和服务。互联网金融的发展、金融科技的应用，如移动支付、在线信贷平台等，极大地提高了农村金融服务的质量和效率。新型金融机构，如村镇银行、小额贷款公司等，也为农村金融市场注入了新的活力。

（7）风险控制。随着农村金融市场的扩大，金融机构的风险承受能力增强。政府和监管机构出台了一系列政策和措施，提高了农村金融机构的风险识别和管理能力，农村金融领域的风险管理体系不断完善。同时，农业生产自然风险的保险体系也在不断完善，为农业生产提供了有效的风险保障。

（8）金融基础设施建设。金融基础设施的改善是农村金融发展的重要基础。政府和金融机构投入大量资源，改善了农村地区的支付系统，增加了ATM机和银行网点的数量，提高了金融服务的可获得性和便捷性。

（9）普惠金融的推广。普惠金融的理念在农村地区得到了广泛推广。通过提供无差别的金融服务，确保了所有社会阶层，特别是小微企业、低收入农户等弱势群体能够获得必要的金融支持。

（10）数字化转型与技术应用。数字化转型是农村金融发展的重要趋势。金融机构利用互联网、移动通信和大数据等技术，提高了服务效率，降低了运营成本。同时，数字化服务也使得农村居民能够更加便捷地获取金融服务。

（11）绿色金融与可持续发展。绿色金融和可持续发展的理念也逐渐融入农村金融发展中。金融机构推出了绿色信贷、绿色保险等产品，支持农村地区的环境保护和可持续发展项目，促进了农村经济与生态环境的和谐发展。

（12）社会稳定性。金融服务对于缓解农村社会矛盾、助力农村社会稳定起到了积极作用。通过金融手段解决贷款难、融资难的问题，减少了因经济问题引发的社会矛盾。同时，金融服务的普及也有助于提高农民的金融素养，增强他们的风险防范意识，促进了农村社会的和谐稳定。

3.4.2　农村金融微观绩效

在政府加强监管、优化政策的环境下，在金融机构不断创新服务模式、提高服务质量的努力下，我国农村金融取得了诸多微观绩效，主要有：

（1）信贷可获得性。我国农村金融的信贷可获得性得到了显著提升。随着金融改革的深入，农户和农村企业获取信贷资源的门槛逐渐降低，审批速度加快。政府和金融机构推出了多项政策，简化了贷款申请流程，减少了对担保和抵押物的要求，使得更多的农户能够获得所需的贷款。

（2）贷款利率。随着利率市场化的深入，农村金融机构能够提供更具竞争力的贷款利率，农户和农村企业实际支付的贷款利率有所下降，尤其是政策性金融机构提供的贷款利率相对较低，有效降低了农民和农村企业的融资成本，增强了农村地区的资金流动性。

（3）金融服务的便利性。金融服务的便利性得到了改善。金融机构在农村地区的覆盖面扩大，营业时间延长，服务效率提高。移动支付、在线银行等金融科技的应用，进一步提高了金融服务的普及率和便捷性。

（4）信贷服务的个性化。金融机构针对农村市场的特殊需求，开发了多样化的信贷产品。例如，为满足不同农业活动的资金需求，推出了种植贷款、养殖贷款等专项产品。同时，针对农村小微企业的经营特点，设计了更为灵活的经营性贷款方案。

（5）风险评估与管理的精细化。金融机构利用大数据、人工智能等技术，提高了对农村客户信用风险的评估和管理能力。通过精细化的风险管理，金融机构能够更精准地控制信贷风险，同时为农村客户提供更合理的信贷服务。

（6）农村金融服务点的增加。为了解决农村地区金融服务不足的问题，金融机构在农村地区增设了服务点，扩大了服务网络，不仅提供传统的存贷款服务，还提供金融咨询、理财规划等增值服务。

（7）农业供应链金融的发展与创新。金融机构通过与农业产业链上下游企业合作，提供供应链金融服务，促进了农业产业链的整合和优化，包括订单融资、存货融资等，为农业企业提供了更为灵活的资金支持。

（8）农村信用体系的建设与完善。通过建立和完善农村信用体系，提高了农民的信用意识，为农民获得信贷支持提供了便利。农村信用体系的建设，包括信用信息的收集、评价和应用，为金融机构提供了更为准确的信用评估依据。

（9）农村金融服务的精准化与差异化。金融机构通过精准识别农村市场的需求，提供精准化的金融服务。例如，精准扶贫贷款、农村妇女创业贷款等产品，针对特定的农村群体，提供了更为贴心的金融服务。

（10）农村金融合作模式的探索与实践。金融机构与政府、企业、社会组织等多方合作，探索了多种农村金融合作模式。例如，政府与金融机构合作，共同推进农村信用体系建设；金融机构与农业企业合作，共同开发农业供应链金融产品。

（11）农村金融人才培养与队伍建设。金融机构重视农村金融人才的培养和队伍建设，通过内部培训、外部引进等方式，提高了农村金融从业人员的专业素质和服务能力。同时，通过建立激励机制，吸引了更多的优秀人才投身农村金融事业。

（12）农村金融消费者权益保护的加强。金融机构加强了对农村金融消费者的权益保护，通过建立健全的投诉处理机制、信息披露制度等，提高了农村金融消费者的满意度。同时，通过开展金融知识普及活动，提高了农村消费者的自我保护能力。

（13）金融知识普及。金融知识和教育对农户和农村企业理解和使用金融产品起到了积极作用。通过金融教育，提高了农户的金融素养，帮助他们做出更合理的融资决策。金融机构和政府部门合作，通过开展金融知识下乡活动，提高了农村居民的金融素养。这些活动包括金融知识讲座、金融风险防范培训等,增强了农村居民识别和防范金融风险的能力。

3.4.3 相关说明

3.4.3.1 关于农村普惠金融的效果

基尼系数作为衡量一个国家或地区收入分配不平等程度的重要指标,其数值的高低直接关系到社会的公平与和谐。近年来,随着我国经济的快速发展,收入分配问题逐渐成为社会关注的焦点。

我国2022年的基尼系数为0.474,与10年前的水平相当,这一数值高于普惠金融政策正式提出的2013年和实施普惠金融的2018年,见图3-2。

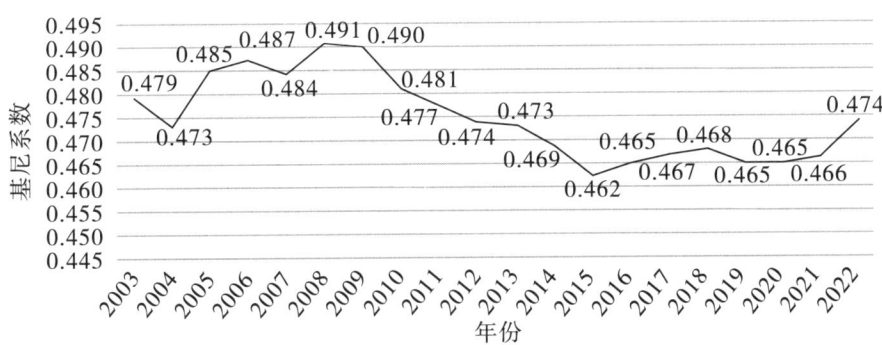

图3-2 我国2003—2022年基尼系数变化图(注:根据公开数据整理)

基尼系数没有明显改善,不能直接说明我国普惠金融政策的失效,但一定程度上可以反映我国普惠金融效果不尽如人意,在改善低收入群体方面作用有限。

农村普惠金融是普惠金融政策实施的重点和关键,普惠金融的效果也一定程度上反映了我国农村金融支农的效果。

3.4.3.2 关于涉农贷款余额增长情况

根据公开数据,从2018年到2022年,我国本外币涉农贷款余额由32.68万亿元增至49.25万亿元,年均增幅为12.68%,显示出积极的增长态势,见表3-1。

表 3-1 2018—2022 年本外币涉农贷款规模及增速

年份	2018	2019	2020	2021	2022
贷款余额/万亿元	32.68	35.19	38.95	43.21	49.25
贷款增速/%		7.68	10.68	10.94	13.98
年均增幅/%	12.68				

注：根据公开数据整理。

而 2012—2022 年间，广义货币供应量（M2）的年平均增长率为 17.35%，本外币涉农贷款较之少 4.67 个百分点；2015—2022 年间，M2 的年平均增长率为 13.05%，本外币涉农贷款较之少 0.37 个百分点；2015—2022 年社融年平均增幅为 21.31%，本外币涉农贷款较之少 8.63 个百分点；2015—2022 年金融机构贷款年平均增幅为 16.88%，本外币涉农贷款较之少 4.2 个百分点。

通过以上对比可以看到，涉农贷款的增长速度相对滞后。从 2018 年到 2022 年，我国本外币涉农贷款余额的年均增幅与同期的 M2 增长率、社会融资规模增长率以及金融机构贷款增长率相比均低，甚至大幅降低，可能的原因有：

（1）农业生产的特殊性：农业作为基础产业，其生产周期较长，受自然条件影响较大，这导致涉农贷款的回报周期较长，风险也相对较高。商业银行在进行贷款审批时，可能会对这些因素进行更为严格的考量。

（2）风险管理与信贷政策：商业银行在贷款审批过程中，可能对涉农贷款的风险评估更为保守。此外，信贷政策可能更倾向于支持工业和服务业等其他经济部门，导致涉农贷款的增长受限。

（3）农业保险和担保机制的不完善：由于农业保险和担保机制的不完善，涉农贷款的违约风险相对较高，这可能抑制了银行增加涉农贷款的积极性。

3.4.3.3 关于涉农贷款利率

根据《中国农村金融服务报告》（2022），我国 2022 年新发放涉农贷款的加权平均利率为 4.17%。

贷款市场报价利率（LPR）的持续下降是推动农村贷款利率降低的直接

因素。从 2015 年初的 5.5% 逐年下降至 2022 年底的 3.65%，一年期 LPR 的走势在图 3-3 中得到了体现。

图 3-3　2015—2022 年 1 年期 LPR 走势图（注：根据公开数据整理）

涉农贷款利率的下降是多种因素共同作用的结果，这固然包括商业银行为了履行社会责任而主动降低贷款利率的因素，也是商业银行在涉农贷款领域业务竞争带来的价格下降，以及在新冠疫情期间金融机构放贷的让利惯性所致，最重要的还是 LPR 下降带来的直接影响。另外需要指出的是，农村贷款涉及高昂的隐性成本，2022 年新发放贷款的综合贷款利率水平只是名义贷款利率水平，不能代表"三农"融资的实际成本与负担。

当前的涉农利率政策虽然取得了一定进展，但仍存在改进空间。商业银行作为市场主体，在农村金融领域的贷款利率调整上，尚待进一步发挥其在促进社会公平和经济包容性增长中的作用。

4 问题与解析：乡村振兴下农村金融的审视

4.1 农村金融存在的主要问题

4.1.1 顶层设计层面的问题

农村金融顶层设计在推动乡村振兴和农业现代化中扮演着核心角色，它不但能够确保金融政策和产品与国家乡村振兴战略相一致，从而实现农业和农村的全面发展，还可以更有效地将金融资源引导至农村关键领域，如农业现代化、基础设施建设等，提高资金使用效率。同时，顶层设计还可以促进政府、金融机构、企业和农民之间的合作，形成支持乡村振兴的合力，推动金融机构提高对农村地区的服务意识，扩大金融服务的覆盖面和渗透率。

4.1.1.1 农村金融体系构建问题

在乡村振兴的大背景下，农村金融体系的完善对于促进农业现代化、实现农民增收和农村经济发展具有重要意义。然而，当前农村金融体系存在的问题，无疑对这一目标的实现构成了挑战。

政策性金融机构职能的限制和业务范围的狭窄，削弱了其在乡村振兴中的作用。政策性金融机构原本应承担起引导和支持农村经济发展的重要职责，但受限于各种因素，其职能发挥并不充分。这不仅影响了农村金融服务的质量和效率，也制约了农业农村现代化的进程。

合作性金融的商业化改革，虽然在一定程度上提高了金融机构的经营效率，但也可能导致合作金融的本质特征和宗旨发生偏离。合作性金融机构应当更加注重服务农民、服务农村，而非单纯追求利润最大化。商业化改革后，一些合作性金融机构可能更多地关注盈利能力较强的业务，而忽视了对农村地区的金融服务，这无疑加剧了农村金融服务的不均衡问题。

商业性金融成为农村金融的主力，这一现象反映了农村金融市场的现实需求和金融机构的经营策略。然而，将涉农指标考核与农村业务捆绑在一起的做法，可能与商业性金融机构的经营原则相背离，导致其缺乏内驱动力，金融效率低下，难以实现预期目标。

当前农村金融"三驾马车"的不完整架构，形成了"瘸脚"的农村金融体系。政策性金融、合作性金融和商业性金融三者之间应当形成互补和协同的关系，共同推动农村金融体系的完善和发展。然而，现实中这三者之间的协调并不充分，导致农村金融服务的有效供给不足。

"三农"问题实际上是由市场失灵导致的，决策层在解决此问题时却仍然依赖市场手段。由于市场机制本身可能无法有效解决农村金融服务的供需矛盾，因而这可能会导致问题的进一步加剧。

在乡村振兴战略下，农村金融体系构建的重要性不言而喻。然而，目前这一问题似乎并未得到决策层的足够重视。金融供给侧结构性改革在推动经济结构调整和产业升级方面发挥了重要作用，但在深入涉及农村金融方面还有待加强。这不仅是一个疏漏，而且是未来改革和发展中需要重点关注和改进的关键领域。

4.1.1.2 农村金融责任承担问题

我国农村金融体系中，政策性金融、合作性金融和商业性金融职能不同，任务迥异。

政策性金融机构在我国农村金融发展中一直扮演着重要角色，其主要职能是支持国家宏观经济政策和农业政策的实施，重点服务于国家重大农村发展战略和政策导向。政策性金融机构在农村金融中应当承担引领、支持和推动的责任，通过提供政策性贷款、扶持农业科技进步和农村基础设施建设等方式，促进农村经济的持续健康发展。

合作性金融机构原本是为了解决农村地区融资难、融资贵的问题而设立的，其主要职能是为农村和农民提供金融服务，促进农村经济发展。但随着商业化改革的推进，一些合作性金融机构逐渐走向商业化，注重盈利能力，其合作性金融的本质逐渐减弱，导致其在农村金融责任承担中的角色逐渐模糊。

农村金融很大程度上扮演了农村普惠金融的角色。在农村金融领域，普惠金融具有特殊的重要性，因为农村是我国贫困人口和农民的主要居住地，而普惠金融正是为这些人群提供金融服务的重要手段。商业性金融机构主要追求自身的经济利益，注重风险控制和盈利能力，其在农村金融中的参与主要是基于市场化的考量，难以完全满足农村普惠金融的需求。从普惠金融的角度来看，政策性金融机构和合作性金融机构应作为农村金融责任的主要承担者，充分发挥其普惠金融的优势，加大对农村贫困地区和农民的金融支持力度，促进农村经济的脱贫和可持续发展。

商业性金融机构在农村金融中的责任承担问题主要体现在其营利导向与普惠金融的需求之间存在矛盾。商业性金融机构追求利润最大化，更倾向于向风险较低、收益较高的领域投放资金。而农村金融往往与高风险、低收益密切相关，商业性金融机构对农村金融的参与度和服务质量难以保障。

农村金融机构的职责与责任错位主要表现在其经营理念、风险管理和盈利模式等方面。一些农村金融机构过于追求短期利润和盈利能力，忽视了长期发展和普惠金融的重要性，导致其在农村金融责任承担中的角色定位不清晰，难以充分发挥其应有的作用。

4.1.1.3 农村金融法律保障问题

2021年6月实施的《中华人民共和国乡村振兴促进法》，旨在促进乡村产业振兴、人才振兴、文化振兴、生态振兴、组织振兴，推进城乡融合发展等活动，并未涉及农村金融的约束和规范。我国农村金融的发展存在着法律保障不足的问题，这给农村金融的持续发展带来了一系列障碍。缺乏明确的法律框架使得农村金融各机构的职能与业务范围存在较大的不确定性，导致政策性金融、合作性金融和商业性金融在发展中受到一定的制约。

尽管农村金融已经经历了数十年的发展，但是至今仍然缺乏一套完备的法律法规来明确各类金融机构的职责、权限和业务范围。特别是针对政策性金融机构，尚未制定出台专门的法律文件，这导致了农村金融机构在经营过程中缺乏明确的法律依据和指引，使得其运营的合法性和规范性存在一定的不确定性。缺乏相关法律法规的支持，使得农村金融机构在面对复杂的经营环境和金融市场变化时，往往难以做出明确的决策和行动，影响了其在服务农村经济和推动乡村振兴中的作用发挥。

政策性银行等金融机构作为农村金融的重要组成部分,其归类属性却存在着不一致性。以国家开发银行为例,有的将其归类为开发性金融,而非政策性金融,这种法律归类的不一致性导致了政策性银行在法律地位上的模糊性和不确定性。这种情况给金融机构在运营和业务开展过程中带来了一定的混乱,也给相关法律监管带来了困难,不利于农村金融的健康发展。

由于缺乏相应的法律保障,政策性金融的业务边界一直模糊,业务发展存在较大的自由选择度,由于自身逐利的冲动,三家政策性银行均一直存在商业化的倾向与趋势。同样,农村信用社由于无法律保障,运行七十余年后最终走上了商业化道路。在商业化进程中,原本应当承担的社会责任和政策导向可能因为缺乏法律约束而受到影响。这不仅使得金融机构在商业运营中面临不确定性和风险,也给金融市场的稳定和健康发展带来了一定的挑战。

尽管商业银行有《中华人民共和国商业银行法》等相关法律作为依据,但其业务范围受到一定的政府干预,普惠金融和农村金融与商业银行捆绑的现象也不符合相关法律规定。这导致了商业银行在发展中受到一定的法律限制和约束,难以充分发挥其在服务农村经济和推动乡村振兴中的作用。

由于缺乏法律保障,农村金融机构在业务拓展、产品创新和风险防范等方面存在着较大的不确定性。这种不确定性不仅影响了金融机构的积极性和创新性,也限制了其在服务农村经济和促进乡村振兴方面的作用发挥。缺乏明确的法律依据和指引,使得农村金融机构往往难以做出准确的决策和投资,从而影响了金融市场的稳定和可持续发展。

农村金融市场缺乏明确的法律框架,使得对金融机构的监管存在漏洞。监管机构难以对金融机构的合规性进行有效监督和管理,容易造成金融乱象和风险积累。这种监管上的缺失不仅影响了金融市场的健康发展,也损害了投资者和消费者的利益,降低了金融市场的信誉和声誉。

4.1.2 实施层面的问题

4.1.2.1 实施模式问题

在第3章中,本书将我国目前农村金融实施模式概括为:机构不变,任务微调;并联管理,体系松散;增加供给,条件宽泛;指标考核,组织领导。这种实施模式给农村金融实践带来一系列问题,突出表现在:

(1) 机构稳定性与任务适应性不足:我国农村金融实施模式采取了渐进式改革,虽然保持了现有金融机构的稳定性,但这种模式可能缺乏快速适应农业和农村发展新需求的能力。金融机构的业务调整可能无法及时反映市场和农民的实际需求,导致服务与需求之间存在脱节。

(2) 管理体系松散,缺乏协调。目前,在人民银行对金融机构的宏观指导和监督下,各金融机构之间缺乏有效的协调和合作。这种松散的管理体系可能导致资源配置的不均衡,以及金融服务效率的降低。金融机构之间信息孤岛的现象,也影响了对农村客户的综合服务能力。

(3) 金融服务供给与需求不匹配问题突出。农村地区面临的金融服务不足问题,不仅表现在金融产品的种类和数量上,还体现在金融服务的普及程度和信贷资源的分配上。单一的金融产品和服务难以满足农村多元化的经济活动需求,而金融机构服务网络的不健全,使得农村地区尤其是偏远地区的居民难以享受到便捷的金融服务。

(4) 商业银行经营原则与农村普惠金融的目标不契合。商业银行以风险和利润为核心,更倾向于为大型企业和高资产客户提供服务,而农村中小微企业和弱势群体由于缺乏抵押物、担保或完善的财务报告,面临更大的贷款难度。这种经营原则导致商业银行在提供农村普惠金融服务时面临多重挑战。

(5) 市场失灵对普惠金融服务的实施构成阻碍。市场失灵现象,如信息不对称、资金流动性不足等,增加了商业银行为中小微企业和弱势群体提供贷款的成本和风险。商业银行可能会通过提高贷款利率等方式将成本转嫁给这些客户,从而削弱了普惠金融服务的可及性和实惠性。

(6) 政策引导与实际执行存在差距。尽管政策上鼓励金融机构增加对农村地区的信贷支持,但在执行层面,由于缺乏明确的执行标准和监管措施,导致政策引导效果不明显,金融机构对农村金融服务的投入和创新仍有较大的提升空间。

(7) 金融服务的可持续性问题。由于农村金融服务的高风险和低收益特性，商业银行在追求自身利益最大化的同时，如何平衡社会效益和经济效益，实现金融服务的可持续性，是一个亟待解决的问题。

另外，对所有金融机构均下达涉农贷款指标考核的做法，虽然出发点是为了增加农村地区的金融资源投入，解决农村金融服务不足的问题，但这种做法存在一些不合理性与弊端：

（1）"一刀切"政策忽视机构差异。金融机构的规模、业务范围、风险管理能力等存在差异，统一的涉农贷款指标可能不适合所有机构的实际情况，导致一些机构难以完成指标，而另一些机构可能在没有进行充分风险评估的情况下放贷。

（2）加剧风险管理的难度。为了完成下达的贷款指标，金融机构可能放宽贷款条件，增加对高风险借款人的贷款，这可能加剧金融机构的风险暴露，影响其稳定性。

（3）导致资源配置的不均衡。金融机构可能将资源集中投向容易完成指标的领域或客户，忽视了对农村地区多样化金融需求的深入挖掘和服务，导致资源配置的不均衡。

（4）影响金融机构的自主性和创新性。硬性的贷款指标可能抑制金融机构在服务模式、产品设计、技术创新等方面的自主性和创新性，金融机构更多地关注指标完成情况而非服务质量和效率的提升。

（5）加剧市场失灵现象。商业银行在执行农村普惠金融服务时面临多重挑战，下达的贷款指标可能加剧市场失灵，如信息不对称、资金流动性不足等问题。

（6）忽视贷款的可持续性。贷款指标的考核可能导致金融机构过分关注短期的贷款增量，而忽视了贷款的长期可持续性，包括贷款的回收、风险控制以及对农村地区经济发展的实际贡献。

（7）可能引发道德风险。为了达到考核指标，金融机构可能采取一些不规范的操作，如虚假贷款、贷款用途不当等屡屡发生。这些行为可能带来道德风险，损害金融系统的健康发展。

（8）考核机制的公平性和合理性问题。考核机制可能没有充分考虑到不同金融机构的实际情况和市场定位,导致考核结果的公平性和合理性受到质疑。

(9) 忽视金融消费者的需求和权益。过分强调贷款指标的考核,可能使金融机构忽视了对金融消费者需求的深入了解和服务,影响消费者权益的保护。

4.1.2.2 农村金融机构间关系问题

我国农村金融发展面临的一个重要挑战就是各类金融机构之间关系割裂,缺乏明确的分工与协作,导致同构性竞争和金融服务盲区的形成,并带来一系列后果。

同构性竞争主要体现在以下几个方面:

(1) 业务范围重合。不同类型的金融机构往往在业务范围上存在重合和交叉,例如政策性银行、合作金融机构和商业性金融机构都涉足农村贷款、小微企业贷款等领域,导致了业务重复和资源浪费。

(2) 产品设计相似。各类金融机构在产品设计上缺乏差异化,往往推出相似甚至相同的金融产品,这不仅难以满足不同客户群体的需求,还加剧了同质化竞争。

(3) 客户群体争夺。由于缺乏差异化的服务和产品,各类金融机构往往争夺相同的客户群体和市场份额,竞争激烈,但对整体金融市场的发展并没有太大的促进作用。

这种同构性竞争导致了资源的重复配置和效率的降低。而且,这种竞争往往是基于短期利益的考量,忽视了长期发展和乡村振兴的需要。

各类农村金融机构之间缺乏有效的协同合作机制,导致了资源的分散利用和协同效应的缺失。这种缺乏协同合作的现象主要表现在以下几个方面:

(1) 服务对象重叠。不同类型的金融机构对于服务对象的界定模糊,往往都涉足农村、小微企业等市场,造成了资源的分散利用和服务效率的低下。

(2) 产品创新孤立。各类金融机构往往独自进行产品创新,缺乏合作和共享,导致了重复投入和资源浪费,同时也限制了农村金融产品的多样性和创新性。

（3）风险共担不足。在面临较大风险时，各类金融机构往往难以形成共识和合作机制，缺乏有效的风险共担和风险管理措施，增加了金融体系的不稳定性。

缺乏协同合作，导致农村金融市场的碎片化和资源浪费，同时也限制了金融服务的广度和深度，无法充分满足农村居民和农业生产的多样化需求，形成大面积的金融服务盲区。

同构性竞争和缺乏协作导致了农村金融市场的失序和混乱。具体表现在：

（1）金融资源配置不均衡。由于各类金融机构之间存在同质化竞争和缺乏协作，导致了金融资源在不同地区的分配不均衡，一些地区的农村金融服务相对匮乏。

（2）服务对象选择失序。由于缺乏明确的分工和协作机制，各类金融机构的服务对象选择失序，无法形成有效的差异化服务，使得部分农村居民和小微企业难以获得必要的金融支持。

同构性竞争和缺乏协作二者叠加，导致了农村金融市场的低效率运行。具体表现在：

（1）资源重复配置。由于各类金融机构之间存在同质化竞争，往往导致了金融资源的重复配置和浪费，降低了金融资源的利用效率。

（2）服务质量下降。缺乏协作机制导致了农村金融服务的碎片化和不连贯性，服务质量难以得到有效提升，部分地区甚至形成了金融服务盲区，影响了农村居民的金融服务体验和金融服务包容性。

4.1.3 微观层面的问题

4.1.3.1 金融机构间无序竞争问题

鉴于在农村金融机构中，政策性金融职能与作用没有充分发挥，合作性金融已经商业化，形成我国农村金融供给以各类商业性金融为主的局面。而商业性金融机构提供的金融产品与服务几乎是无差别的，从而导致农村金融市场的无序竞争。这种竞争使得各类金融机构之间缺乏明确的分工与合作，资源重复配置、服务重叠的现象普遍存在，导致金融市场的碎片化和混乱程度加剧，同时也增加了金融机构的运营成本和风险。

随着金融市场的开放和竞争的加剧，商业性金融机构越来越注重盈利能力，而非社会责任和政策导向。为了追求利润最大化，它们往往推出与城市金融市场相仿的金融产品与服务，而忽视了农村特有的经济和社会需求。这导致了农村金融市场的同质化竞争，各金融机构之间缺乏差异化竞争优势，无法为农村居民提供真正符合其需求的金融产品和服务，进而加剧了市场竞争的激烈程度。

农村金融市场的无序竞争导致了金融服务的同质化和缺乏差异化，农村居民往往难以获得适合自身需求的金融产品和服务。尤其是偏远地区，金融服务更加匮乏，严重制约了农村金融市场的发展和乡村经济的增长。

农村金融市场的无序竞争导致了资源的重复配置和浪费。各类金融机构为了争夺市场份额，大量重复投入，造成了资源的浪费和效率的降低，阻碍了金融资源的有效利用，也加剧了金融市场的混乱程度。

缺乏明确的分工与合作机制导致了农村金融服务的不均衡性，一些偏远地区的农村居民往往难以获得有效的金融服务，加剧了城乡金融服务的不平衡性，阻碍了乡村经济的发展和乡村振兴的实现。

无序竞争和资源浪费使得农村金融市场的不稳定性增加，金融风险不断积累。金融机构为了追求短期利润，可能放松风险管控，大量高风险业务的积累可能引发系统性金融风险，对整个金融市场和经济体系造成严重影响。

4.1.3.2 农村金融机构"离乡进城"问题

在我国农村金融领域，出现了一种趋势，即部分金融机构在发展过程中逐步将业务重心从农村转向城市。这种现象在多家金融机构均有体现。

以中国农业银行为例，该行在1979年恢复设立时，主要定位是服务农业和农村地区。然而，随着时间的推移，特别是在1991年提出加快推进城市金融业务的发展战略后，中国农业银行开始大力拓展城市市场。尽管中国农业银行一直宣称致力于服务"三农"，但从数据上看，涉农业务在其总资产中的占比自20世纪90年代起逐渐减少，到2022年底已降至21.56%。

中国邮政储蓄银行的情况也类似，该行在2007年成立之初，旨在改变以往"只存不贷"的模式，促进邮政储蓄资金回流农村。然而，自2016年和2019年分别在香港交易所和上交所上市后，邮储银行的业务重心也逐渐向城市倾斜，截至2022年末，其涉农贷款余额为1.81万亿元，占总资产的约13%，而就其网点布局来看，农村网点占比却超过70%，对农村资金仍存在"抽水"效应。

再来看农村信用社，它们原本是根植于农村的金融机构，但在改革过程中逐渐失去了合作性质。自2003年启动的新一轮改革以来，农村信用社转型为农村商业银行的步伐加快，特别是那些已经上市的机构，它们在"三农"金融业务上的投入逐渐减少。

新型农村金融机构，如村镇银行、农村资金互助社、贷款公司和小额信贷等，虽然旨在补充大商业银行在农村金融服务的不足，但实际上并未能有效发挥作用。村镇银行多设在城乡接合部，对农村的支持有限；农村资金互助社和贷款公司等则因监管不足和自身问题，业务规模和机构数量均有所缩减。

综上所述，我国农村金融机构的业务重心转移，既是金融机构自身战略调整的结果，也受到外部政策变动的影响。这一现象导致农村地区的金融服务能力减弱，农村普惠金融的供给减少，对于农村地区的弱势群体和低收入人群的财务状况改善作用有限。

4.2 农村金融主要问题解析

4.2.1 决策层面的问题解析

4.2.1.1 避难就易思维

我国农村金融一直是政府重点关注的领域，因其直接关系到国家农村经济的发展和农民生活水平的提高。然而，尽管时代在变迁，金融市场在发展，农村金融供给体系却面临着诸多挑战，对于新的金融发展趋势和需求变化缺乏足够的敏感性。随着金融市场的日益复杂和多元化，农村金融供给体系的单一性显露出了明显的不足。传统的政策性金融机构虽然在农村金融市场中占据主导地位，但其服务模式和产品结构相对僵化，难以适应不断变化的市场需求。与此同时，新兴的合作金融机构虽然崭露头角，但由于监管政策和体制机制的限制，其发展受到了一定的制约。在这样的背景下，政府和决策层往往更倾向于守旧，选择维持现状，而非积极应对挑战，推动农村金融体系的改革与创新。这种思维惯性，导致了农村金融供给体系的僵化和滞后，制约了其在新时代下的适应性和竞争力。

面对农村金融供给体系存在的诸多问题和挑战，决策层往往采取一种避难就易的思维观念。他们可能认为，改革农村金融体系需要付出巨大的政治、经济和社会成本，而且面临着不确定性和风险，因此更倾向于保守和谨慎的态度。

这种思维观念的根源在于对改革带来的风险和挑战的过度关注，而忽视了维持现状所带来的隐性成本和长期风险。农村金融供给的避难就易思维，实际上是对当前金融体制改革的一种逃避和消极应对。决策者往往更愿意选择"安稳"的道路，维持现有的体制和秩序，而不愿冒险尝试新的改革措施。然而，这种保守的思维观念往往导致了问题的长期积累和对潜在风险的忽视。农村金融供给体系的滞后和僵化，不仅会影响农村经济的持续发展，还可能引发更严重的金融危机和社会不稳定。

农村金融供给的避难就易思维导致农村经济发展受到严重影响。由于金融体系的滞后和僵化，农村金融机构往往难以满足不断变化的农村经济需求。缺乏创新和多样化的金融服务，农村产业结构难以升级，经济增长缓慢，导致农村居民收入增长乏力，甚至出现贫困问题。

农村金融供给的避难就易思维导致农村金融服务的严重不足。随着农村金融机构逐渐减少对农村地区的服务，农村居民将面临金融服务缺乏的问题。尤其是在偏远地区和边远地区，金融服务的不足更加严重，导致农村居民无法便利地获取贷款、储蓄和其他金融服务。这将进一步加剧农村地区的经济落后和贫困现象，严重影响农村居民的生活质量和发展机会。

农村金融供给的避难就易思维也会导致农村金融市场的混乱。由于政府和金融机构缺乏对农村金融市场的有效引导和监管，可能出现金融资源浪费、市场秩序混乱等问题。金融机构可能会陷入恶性竞争，采取高风险高收益的经营模式，导致金融市场的不稳定和风险加剧。

农村金融供给的避难就易思维还可能导致社会不稳定风险的增加。农村经济发展受阻、金融服务不足等问题可能引发农村居民的不满情绪。在资源和机会的匮乏下，社会矛盾可能会加剧，甚至引发社会不稳定事件，严重影响社会的和谐与稳定。

4.2.1.2 趋避式冲突思维

趋避式冲突思维在决策过程中可能会导致目标设定的矛盾和冲突，特别是在我国农村金融顶层设计中，这种思维模式的影响尤为显著。通过下达涉农贷款指标来增加农村地区的金融资源，以助力解决"三农"问题和乡村振兴，同时又希望避免供给侧改革的成本，这可能导致目标之间的内在矛盾，使得政策难以在实践中得到有效执行。

（1）缺乏适应性调整的局限性。为了避免改革带来的成本，不愿意对现有的农村金融体系进行必要的适应性调整。这可能导致金融机构在执行涉农贷款任务时面临结构性障碍，难以有效响应市场需求，限制了金融服务的灵活性和有效性。

（2）激励机制的缺失问题。在没有相应补贴和激励措施的情况下，下达的贷款指标可能难以激发金融机构的积极性。缺乏激励机制可能导致金融机构仅仅为了完成指标而放贷，而不是基于市场需求和风险控制进行贷款，这可能影响贷款的质量和效率。

（3）资源配置的不合理性。为了避免改革成本，可能未能提供足够的资源和充足的政策支持，导致农村金融机构在执行任务时资源不足，无法有效满足农村多样化的金融需求，影响了农村金融服务的广度和深度。

（4）监管和考核机制的不足。仅仅依靠下达贷款指标而缺乏有效的监管和考核机制，可能导致金融机构在执行过程中出现偏离目标的行为，如为了完成指标而忽视贷款质量,这可能导致金融风险的积累。

(5) 创新和发展动力的缺失。为了避免改革带来的不确定性和成本,可能未能鼓励和支持金融创新,这限制了金融机构在产品和服务上的创新动力,影响了农村金融体系的发展和竞争力。

(6) 政策执行的难度。在缺乏适应性调整和激励机制的情况下,金融机构可能在执行政策时遇到障碍,导致政策执行难度增加,效果打折,难以实现预期的政策目标。

(7) 长期可持续发展的挑战。趋避式冲突思维可能导致顶层设计过于注重短期目标,而忽视了农村金融体系长期可持续发展的需要,这可能导致农村金融服务缺乏持续的动力和创新。

(8) 金融机构内部动力机制的缺失。由于缺乏对金融机构内部动力机制的考虑,下达的贷款指标可能与金融机构内部的业绩评价和激励机制不匹配,同时,由于"不值得定律"的作用,导致金融机构内部对于涉农贷款任务的执行缺乏积极性。

(9) 对市场规律的忽视。趋避式冲突思维可能导致在制定政策时忽视市场规律,未能充分发挥市场在资源配置中的决定性作用,影响了农村金融服务的有效性和效率。

(10) 对农村实际情况的考虑不足。在制定涉农贷款指标时,可能未能充分考虑农村地区的实际情况,包括农业生产的特点、农村金融市场的需求等,导致贷款指标与农村实际需求不匹配。

(11) 对金融机构风险承担能力的忽视。在下达贷款指标时,可能未能充分考虑不同金融机构的风险承担能力,导致一些金融机构在完成指标的过程中面临较大的风险压力,影响了金融机构的稳定性。

(12) 对农村金融生态环境建设的忽视。趋避式冲突思维可能导致在顶层设计中忽视了农村金融生态环境的建设,包括信用体系、法律环境、金融消费权益保护等,影响了农村金融服务的质量和效率。

综上,趋避式冲突思维在一定程度上影响了我国农村金融顶层设计的合理性和有效性。为了解决这些问题,需要在顶层设计中更加注重平衡利益与成本，建立合理的激励和监管机制，鼓励金融创新，优化资源配置，并重视风险管理，以实现农村金融的可持续发展和乡村振兴战略的顺利实施。同时，还需要加强对农村金融生态环境的建设，提高农村地区居民的金融素养，以及根据农村地区的实际情况和需求，制定更加科学合理的金融政策和措施。

4.2.1.3 过度商业化思维

解决"三农"问题，仍寄希望于商业性金融用市场的手段来解决，这是过度商业化思维的结果。

"三农"问题包括农村经济结构单一、农民收入低下、农村基础设施落后、农村社会保障不完善等。"三农"问题的根源是由于农村经济的落后和发展不平衡导致的，市场失灵是"三农"问题长期存在的原因之一。在传统观念中，农村地区被认为是资源丰富、劳动力充足的区域，应该通过市场机制来实现经济增长和社会发展。然而，在实际情况下，农村地区的市场机制并不完善，存在着市场失灵的现象。主要表现在以下几个方面：

（1）信息不对称。农村地区信息不对称现象严重，农民对市场信息了解不足，导致无法有效参与市场竞争，农产品价格波动大，难以保障农民的利益。

（2）市场竞争不充分。农村地区市场竞争程度较低，存在垄断、寡头等现象，农产品价格受少数企业控制，难以形成良性的市场竞争机制。

（3）外部性影响。农村地区生产活动存在较大的外部性影响，农业生产对环境的影响较大，市场价格无法充分反映资源的稀缺性和环境成本。

这些市场失灵的现象导致了农村经济发展的不平衡和不充分，使得"三农"问题长期得不到有效解决。

在乡村振兴的今天，在寻求金融助力解决"三农"问题的过程中，过度商业化思维倾向将商业化手段过度应用于解决"三农"问题，没有考虑到农村经济的特殊性和市场机制的局限性，因而可能导致社会公平和公正被忽视，加剧农村地区的资源分配不均和收入差距。同时农村经济的季节性、周期性等特点可能被忽视，导致金融政策和措施无法有效满足农村的实际需求。

因此，解决"三农"问题需要一个多维度的视角，综合考虑政府、市场和社会各方面的因素。不能单纯依赖市场机制，也不能盲目追求商业化。

4.2.1.4 行政干预思维

在农村金融供给结构未发生根本性变化的情况下，由于政策性金融的业务范围受限，合作金融商业化不可逆转，解决"三农"问题就只剩下一条路可走，即对商业性金融施加压力，采取行政干预的方式来解决"三农"问题。然而，这种做法存在一系列的问题和挑战，既不符合商业性金融的经营原则，也与解决"三农"问题的长期性相背离。商业性金融机构追求经济效益和市场竞争力，其经营原则在于风险可控、收益最大化。然而，政府对商业性金融实施行政干预，通过下达涉农指标等方式强制性地要求商业性金融向农村地区提供资金支持，违背了商业性金融的自主经营权，可能导致以下问题：

（1）风险控制困难。商业性金融机构面临的风险较高，农村地区的投资项目可能存在较大的不确定性和风险，政府的行政干预可能导致商业性金融在农村地区的信贷政策过于保守，抑制了对农村地区的金融支持。

（2）资源配置失衡。行政干预可能导致商业性金融将更多的资源投入到政府指定的农村地区，而忽视了其他地区的经济发展需求，造成资源配置的失衡，影响全国范围内的经济平衡和发展。

（3）商业性金融形象受损。强制性的行政干预可能会损害商业性金融的形象和声誉，被视为政府的执行工具，而非独立、自主的金融机构，影响其市场竞争力和客户信任度。

政府通过对商业性金融实施行政干预的方式解决"三农"问题，虽然可能在短期内带来一定效果，但却背离了解决"三农"问题的长期性原则。具体表现在：

（1）短期导向。行政干预往往是一种短期手段，政府可能通过下达涉农指标等方式强制性地要求商业性金融向农村地区提供资金支持，但这种做法无法解决农村经济结构单一、农民收入低下等根本性问题，只是治标不治本。

（2）长期发展受限。强制性的行政干预可能会影响商业性金融长期的发展规划和战略布局，限制了其在市场化改革过程中的自主权和灵活性，长期可能导致商业性金融在农村地区的业务发展受到限制。

(3) 制度建设滞后。行政干预可能会延缓农村金融市场的市场化和制度化进程，使得农村金融体系长期处于政府指导和干预下，制约了农村金融市场的健康发展。

指标化考核容易形成商业性金融的"金发姑娘困境"（Goldilocks dilemma），即承受投入过多和过少的风险。如果商业银行投入过多，将会增加贷款的风险和信用风险，可能会导致贷款不良或亏损；如果商业银行投入过少，将会影响银行的普及金融的时机性和普及性，无法满足弱势群体的需求和金融市场的客户潜力，从而可能导致商业银行在市场竞争中处于劣势地位。

4.2.2 执行层面的问题解析

4.2.2.1 缺乏精细化监管机制

我国农村金融政策在实施方面，缺乏精细化监管，这种粗放的管理模式与国家乡村振兴政策不符，也与农村金融自身发展要求及"三农"问题的解决背道而驰。粗放式管理主要表现在：

(1) 政策执行的盲目性。金融管理部门下达的涉农贷款指标缺乏具体性，导致金融机构在执行时缺乏明确方向。

(2) 金融产品和服务的同质化。由于缺乏对农村金融需求的深入分析，金融机构提供的服务往往缺乏针对性，无法满足多样化的农村金融需求。

(3) 金融机构间缺乏协调。在执行涉农贷款政策时，金融机构间缺乏有效的业务分工与互补协调，导致资源配置效率低下。

粗放式监管带来的直接后果是：

(1) 同质性竞争。金融机构在市场定位上缺乏明确的方向，为了争夺有限的金融资源，金融机构之间展开激烈的竞争，导致在相同市场领域内过度竞争，使得资源配置效率低下。

(2) 多元化金融服务缺失。乡村振兴需要多元化的金融服务和产品，农村金融应该更加注重服务实体经济和农村居民的需求，但粗放式管理导致的单一化金融产品和服务无法满足农村居民和小微企业的多样化需求，导致金融服务的覆盖面和普惠性不足。

（3）资源浪费与效率低下。同质性竞争和资源重复配置导致了金融资源的浪费和效率低下，影响了金融机构的经营效率，限制了金融资源的有效利用，进而影响了金融市场的健康发展，加剧了市场的不稳定性。

我国农村金融采取的粗放的管理模式导致了同质性竞争和资源浪费，与国家政策和农村金融自身发展要求不符，也制约了农村经济的发展和"三农"问题的解决。

4.2.2.2 缺乏统筹协调机制

我国的农村金融业务覆盖面广，涉及银行机构、非银行金融机构以及非正规金融机构等多种金融服务提供者。这些机构在农村金融领域的业务开展往往独立进行，缺少有效的协调合作，这可能引发一系列问题，影响农村金融的效率和持续发展。

（1）缺乏有效的协调合作可能导致资源的无效利用和建设的重复。例如，若多个金融机构在同一地区独立开展农村金融服务，可能会出现服务内容和方式的重复，造成资源的浪费和成本的不必要增加。通过建立协调合作机制，可以有效避免这种情况，提高资源的使用效率，降低运营成本，从而提升农村金融服务的质量。

（2）缺乏协调合作可能导致农村金融产品缺乏创新性和多样性。金融机构在缺乏合作的情况下，可能会推出相似的金融产品，导致市场上产品同质化严重。这不仅难以满足不同客户群体的特定需求，还可能影响金融机构的盈利能力和市场竞争力。

（3）缺乏协调合作可能削弱农村金融的风险管理能力。农村金融服务的对象往往包括信用记录较少的小微企业和农户，这对金融机构的风险评估和控制提出了更高要求。如果金融机构之间不能有效共享信息和风险数据，将难以实现风险的有效管理，可能对金融机构的稳定性构成威胁。

（4）缺乏协调合作可能影响农村金融服务的普及和深入。在我国，一些边远和欠发达地区的金融服务覆盖仍然存在不足。若金融机构之间缺乏有效的协调合作，这种服务不均衡的现象可能会加剧，难以实现全面覆盖的农村金融服务，进而影响社会的公平与正义。

4.2.2.3 缺乏监督评价机制

在我国农村金融体系中，人民银行扮演着至关重要的角色。它不仅负责牵头制定农村金融政策，还与监管部门共同对商业银行进行考核，同时负责涉农贷款指标的设定和农村金融绩效成果的发布。这种"一肩挑"的模式，虽然在表面上看似实现了权责的整合，但实际上可能存在一些潜在的问题，特别是在农村金融评价的客观性和农村金融作用的发挥方面。

（1）权责整合的模式可能导致评价标准的主观性。由于人民银行既是政策的制定者，又是执行和监督的主体，这可能导致在考核商业银行时，评价标准和过程受到主观因素的影响。例如，人民银行可能会根据自身的政策目标和偏好，设定有利于某些金融机构的考核指标，而不是完全基于市场和客户的实际需求。这种主观性可能会扭曲市场激励机制，导致资源配置的效率降低。

（2）权责整合可能导致监督和评价的不透明。当一个机构同时负责监督和评价时，可能会出现信息不对称的情况。商业银行可能为了获得更好的评价结果，而采取一些策略性行为，比如选择性报告数据或者夸大农村金融服务的成效。这种情况下，人民银行作为评价主体，可能难以获得全面和真实的信息，从而影响对农村金融绩效的准确评估。如人民银行按年发布《中国农村金融服务报告》，成绩总结得多，问题却较少涉及。

（3）权责整合可能影响农村金融服务的多样性和创新性。由于人民银行在涉农贷款指标设定中具有决定性的影响，商业银行可能会过分关注这些指标，而忽视了农村金融市场的其他需求和潜在机会。这可能导致农村金融服务的同质化，抑制了金融产品和服务的创新。长期来看，这不利于农村金融市场的健康发展和农村金融服务质量的提升。

（4）权责整合还可能影响农村金融的普及和深入。人民银行在发布农村金融绩效成果时，可能会强调正面成果，而忽视或者淡化存在的问题和挑战。这种倾向性可能会掩盖农村金融服务的不足，使得政策制定者和社会公众对农村金融的真实状况缺乏准确的认识，从而影响对农村金融问题的及时识别和解决。

（5）权责整合可能导致农村金融政策的僵化。由于人民银行在政策制定、实施和评价中占据主导地位，可能会形成一种惯性思维，使得政策调整和创新变得困难。在快速变化的经济环境和市场需求面前，这种僵化的政策制定机制可能会阻碍农村金融服务的有效性和适应性。

"面子协商理论"认为，社会互动是一种有其自身规范的表演，互动双方在观众的注视下，表演社会赋予他们的角色，并在合理和技巧的演出中操纵观众对自己的看法，维护自己的面子。人民银行全权负责农村金融工作可能会导致资源集中、政策执行单一、信任缺失、面子需求与实质需求冲突以及缺乏多元化声音等问题。这些问题可能会危害农村金融的健康发展，限制农村经济的多元化和创新，最终影响乡村振兴战略的实施效果。

4.2.2.4 缺乏纠偏正向机制

在我国农村金融政策的实施过程中，一个显著的问题是缺乏有效的纠偏正向机制。这种机制的缺失，使得金融机构在业务推广和成果报告中往往倾向于夸大其词，而金融管理部门则可能因为各种原因选择性地报告信息，导致农村金融领域的问题难以被及时发现和解决。

（1）金融机构在农村金融业务中的表现往往被夸大。为了在激烈的市场竞争中获得优势，各家机构可能会通过各种手段来展示自己在服务农村方面的成就。这种夸大其词的行为，虽然在短期内可能为机构带来一定的声誉和市场份额，但从长远来看，却可能对农村金融市场的健康发展造成负面影响。一方面，这种夸大可能会掩盖真实的业务问题和风险，使得金融机构无法准确评估自身的业务状况和市场定位；另一方面，这也可能导致资源的错配，使得有限的金融资源无法有效地流向最需要的领域和群体。

（2）金融管理部门在信息披露和问题反馈方面也存在一定的倾向性。在对外报告和宣传中，管理部门可能更倾向于突出正面成果，而对存在的问题和挑战则选择性忽视或者轻描淡写。这种行为模式可能会导致外界对农村金融现状的误解，使得问题的严重性得不到足够的重视和及时的解决。长此以往，农村金融领域的问题可能会逐渐积累，最终影响到整个金融体系的稳定性和农村经济的发展。

（3）缺乏纠偏正向机制还可能导致金融机构和管理部门之间的信息不对称。金融机构为了达到考核标准和业绩目标，可能会采取一些策略性行为，比如选择性报告数据或者调整业务结构。而管理部门在缺乏全面和准确信息的情况下，难以对金融机构的业务活动进行有效的监督和评估。这种信息不对称不仅影响了农村金融服务的质量和效率，也增加了金融风险的潜在威胁。

同时，这种缺乏纠偏正向机制的现象还可能抑制农村金融的创新和发展。由于金融机构和管理部门都倾向于报告乐观的数据和成果，这可能导致对农村金融市场真实需求和潜在问题的忽视。在这种情况下，金融机构可能缺乏动力去探索新的服务模式和产品，从而限制了农村金融的创新空间和发展潜力。

（4）缺乏纠偏正向机制还可能影响农村金融服务的公平性和普惠性。由于金融机构和管理部门都倾向于突出自己的成绩和优势，这可能导致对农村地区弱势群体和小微企业金融服务的忽视。这些群体往往因为缺乏足够的信用记录和抵押物，而难以获得必要的金融支持。如果这些问题得不到有效的关注和解决，将会影响农村金融服务的公平性和普惠性，加剧社会经济的不平等。

我国农村金融缺乏有效的纠偏正向机制，这不仅影响了金融机构和管理部门的行为模式，也对农村金融市场的健康发展、金融创新、服务公平性和普惠性等方面造成了负面影响。

4.2.3 微观层面的问题解析

4.2.3.1 利益补偿不到位

在农村金融的发展模式上，我国采取了涉农贷款考核的方式，将金融机构的业务发展与其社会责任挂钩。这种模式在短期内可能取得一定的成效，但由于忽视了金融机构的商业可持续性，在没有足够利益补偿的情况下，金融机构可能会面临农村金融服务成本高、风险大、回报低的问题，长期来看可能会导致边际效益递减。

（1）缺乏利益补偿机制可能会导致金融机构在农村金融服务上的积极性降低。农村金融服务的特殊性在于，它需要面对的是一个相对分散、风险较高的市场。金融机构在提供服务的过程中，不仅要承担较高的运营成本，还要面对较高的信用风险。由于"不值得定律"的存在，金融机构可能会逐渐减少对农村地区的投入，甚至放弃某些高风险的农村金融服务。

（2）长期缺乏利益补偿机制还可能导致农村金融服务的质量下降。金融机构在面临成本压力和风险压力的情况下，可能会采取简化服务流程、降低服务标准的方式来减少成本。这种做法虽然短期内可以降低成本，但长期来看却可能损害农村金融服务的质量，影响农村客户的满意度和忠诚度。

（3）缺乏利益补偿机制还可能影响农村金融创新的发展。金融机构在追求商业利益的过程中，需要不断创新金融产品和服务来满足市场的需求。然而，在农村金融市场，由于缺乏有效的利益补偿，金融机构可能缺乏创新的动力和资源。这不仅限制了农村金融产品和服务的多样化，也制约了农村金融市场的发展潜力。

（4）缺乏利益补偿机制还可能导致农村金融服务的不公平性加剧。金融机构在追求利润最大化的过程中，可能会倾向于服务那些风险较低、回报较高的客户群体，而忽视那些真正需要金融服务的农村低收入群体和小微企业。这种现象不仅违背了农村金融服务的初衷，也加剧了社会的不平等和分化。

4.2.3.2　不具备公益精神

在我国农村金融体系中，商业性金融机构扮演着主要角色，它们通过提供贷款、存款和其他金融服务，为农村经济的发展提供了重要的资金支持。然而，由于商业性金融机构的本质是追求利润最大化，这导致它们在运营过程中往往以利益为导向，缺乏公益精神。这种状况与农村金融承担的社会责任和普惠目标形成了鲜明的对比。

（1）商业性金融机构在追求利润的过程中，可能会忽视农村金融市场的特殊性。农村金融市场具有客户分散、交易成本高、风险大等特点，这些特点使得农村金融服务的提供相对于城市市场来说更加困难。商业性金融机构为了降低成本和风险，可能会倾向于提供标准化、批量化的金融服务，而忽视了农村客户个性化、差异化的金融需求。这种做法虽然有助于提高金融机构的效率和盈利能力，但却可能损害农村金融市场的服务质量和公平性。

（2）商业性金融机构在利益驱使下，可能会过度追求短期回报，而忽视长期可持续发展。农村金融的发展需要金融机构投入大量的时间和资源，进行市场调研、产品创新和服务改进。然而，商业性金融机构可能会因为短期利润的压力，而减少对这些长期项目的投入。这种做法虽然能够在短期内提高金融机构的财务表现，但长期来看却可能损害农村金融市场的稳定性和发展潜力。

（3）商业性金融机构在追求利润的同时，可能会忽视农村金融的社会责任。农村金融不仅仅是一种商业活动，更是一种社会责任。农村金融服务的提供，不仅要满足农村客户的金融需求，还要帮助他们提高生活水平、促进经济发展。然而，商业性金融机构可能会因为利益的考虑，而忽视这些社会责任，只关注那些能够带来高额回报的金融服务和客户群体。这种做法可能会导致农村金融市场的不公平性加剧，弱势群体的金融需求得不到满足。

（4）商业性金融机构在追求利润的过程中，可能会采取一些不利于农村金融市场健康发展的行为。例如，为了提高贷款的发放量和回收率，金融机构可能会采取过于严格的信贷标准和催收措施，这可能会对农村客户造成过大的经济压力，甚至引发金融风险。此外，商业性金融机构为了降低成本，可能会减少对农村地区金融服务网点的投入，这会导致农村金融服务的覆盖面和可及性降低。

4.2.3.3 道德风险隐忧

由于涉农贷款盈利性低、风险高、监管压力大等多重因素的影响，商业银行在承担该指标时积极性不高，甚至可能出现道德风险。

商业银行在农村金融业务的开展中面临着一系列的挑战和困境。一方面，监管部门为了促进农村经济的发展，下达了涉农贷款的任务，要求商业银行增加对农村地区的金融支持；另一方面，农村金融业务的盈利水平相对较低，风险较大，这使得商业银行在开展这类业务时面临较大的成本压力，从而影响了它们的积极性。

（1）农村金融业务的特殊性在于其服务对象和环境。农村地区的经济发展水平普遍较低，农户和涉农企业的资金需求通常较小且分散，这导致了商业银行在开展农村金融业务时面临着较高的运营成本和管理成本。例如，农村地区的基础设施建设相对落后，交通不便，增加了商业银行进行信贷调查和贷后管理的难度和成本。同时，农村地区的信息化水平不高，农户的财务信息透明度低，这也增加了商业银行评估和管理信用风险的难度。

（2）农村金融业务的风险较大。由于农村地区的经济基础薄弱，农户和涉农企业往往缺乏足够的抵押物，这使得商业银行在提供贷款时面临着较高的信用风险。此外，农业生产受自然条件影响较大，如天气、病虫害等因素都可能导致农户收入的不稳定，从而增加了贷款的违约风险。商业银行为了控制风险，往往需要采取更为严格的信贷政策和更高的利率，这又进一步加剧了农户和涉农企业的融资难问题。

（3）监管部门对商业银行的涉农贷款任务要求，虽然有利于推动农村金融的发展，但也给商业银行带来了压力。商业银行需要在保证完成监管部门下达的任务的同时，考虑自身的盈利性和风险控制。这种双重压力使得商业银行在农村金融业务的开展上缺乏积极性，往往更倾向于将资源投入到盈利水平更高、风险更低的城市和工业领域。

（4）商业银行在农村金融业务的产品和服务创新上也面临挑战。农村金融市场的需求多样化，需要商业银行提供更加个性化和差异化的金融产品和服务。然而，由于对农村市场的了解不足，以及缺乏相应的产品和服务创新能力，商业银行往往难以有效满足农村客户的多样化需求。

在完成涉农贷款考核指标的过程中，在"不值得定律"的作用下，商业银行可能会出现道德风险。据公开信息，不少商业银行因虚报涉农贷款数据等原因而被监管部门处罚，如2020年4月28日，赣州银保监分局对5家农商行因虚报涉农贷款数据违规行为开出10张罚单；同年6月22日，抚州银保监分局连开9张罚单，对江西省9家农商银行因虚报涉农贷款、小微企业贷款数据作出行政处罚；同年8月24日，中国银保监会九江监管分局因江西永修农村商业银行虚报涉农、普惠型涉农贷款数据而对其加以处罚。商业银行的不积极态度和道德风险隐忧，不仅影响了农村金融服务的质量和效率，也可能对商业银行自身的声誉和合规性造成损害。

4.2.4 金融机构与监管部门的博弈

在我国农村金融领域，商业银行与监管部门之间的博弈尤为显著，特别是在涉农贷款业务的开展上。下面从静态和动态两个维度，分析这种博弈的特点及其对农村金融发展的影响。

4.2.4.1 静态博弈

参与农村金融业务的商业银行有机会扩大其客户基础、提升收益、增强品牌价值，并履行其社会责任。但在实际操作中，由于农村金融市场的客户规模和交易量普遍较小，导致利润率较低，这与商业银行习惯的盈利模式存在显著差异，进而引发了商业银行与监管部门之间的博弈。

（1）博弈源头：监管部门指标设定

商业银行作为金融体系的关键一环，其盈利能力直接关系到其业务的持续开展和未来的盈利前景。为了确保商业银行的稳定增长并促进农村金融业务的扩展，政府实施了一系列政策措施，鼓励商业银行投身于农村金融市场，并为此设定了涉农贷款指标。这些指标成为了商业银行参与农村金融业务的关键参考。

不过，鉴于农村金融业务的盈利能力较弱，那些以盈利为主要目标的商业银行可能会对这些指标感到犹豫。为了达到监管机构规定的标准，部分银行可能会诉诸非传统手段，甚至采取欺诈行为，这不仅违背了农村金融业务的公益性，也使得商业银行转而追求短期利益，损害了其长期的可持续发展。

（2）博弈方式之一：贷款资金流失

商业银行在农村金融操作中的博弈行为可能导致贷款资金流失。鉴于农村贷款单笔金额小且涉及客户众多，银行在放贷时承担了较高风险。一旦客户违约，银行可能不得不进行赔付。为了减少这种风险并提升收益，银行可能会对客户施加更严格的贷款条件，如提高利率、增加保证金等。这些措施虽有助于银行风险管理，但也可能降低农村地区居民参与金融服务的意愿，从而阻碍农村金融的普及和深入。

(3) 博弈方式之二：业务模式创新

商业银行在追求农村金融业务增长和收益的同时，其博弈行为也体现在业务模式的创新上。为了提高农村金融业务的收益，一些银行可能会采取有争议的手段推广金融产品，如不恰当地增加贷款额度或施加压力。这种行为对客户造成了不利影响，因为这些贷款并非总是服务于真正需要的客户，而是为了达到监管要求或追求银行自身的额外利益。

此外，部分商业银行可能通过推广非正规的贷款和保险产品来增加其在农村金融市场的收益，这些产品虽然利润率高，但可能会挤占正规农村金融产品的市场空间，引起市场混乱，并可能给消费者带来经济和社会层面的负面影响。

4.2.4.2 动态博弈

在我国农村金融市场中，商业银行作为主要的金融服务提供者，实际上在参与农村金融业务时扮演着一个被动角色。金融监管部门对商业银行赋予了新的社会责任，这些责任超出了银行传统的业务范畴，如图4-1所示，商业银行与农村金融领域的关系构成了一个复杂的互动体系。

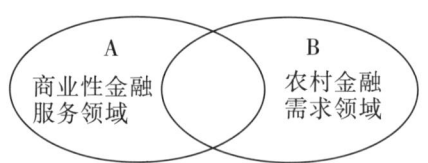

图4-1 商业银行与农村金融领域关系图

商业银行在这一体系中面临着与金融监管部门的博弈。商业银行的利益主要体现在完成监管部门设定的年度农村金融指标以及通过融资活动获得的收益。然而，由于存在"二八定律"，即商业银行80%的收益来自20%的客户，这通常是指那些大型企业或高资产客户，而对于小微企业和农户，他们虽然数量众多，但可能只贡献相对较小的收益。因此，商业银行可能更倾向于为这些少数客户提供服务，而忽视了广大农村地区的小额贷款需求。如果风险权重较高或实际风险较大，商业银行可能会失去继续参与农村金融业务的动力。此外，不同银行在开展农村金融业务、收入成本比率和风险控制能力上的差异也导致了它们在具体利益上的不同。金融监管部门的主要目标是实现国务院规定的年度涉农贷款计划，其收益主要取决于商业银行能否完成这些指标。

商业银行是否愿意完成涉农贷款指标，以及其参与程度，主要取决于它们的综合效用。当综合效用为正时，商业银行与金融监管部门之间会形成合作型的博弈；而当综合效用为负时，则可能转变为非合作博弈。金融监管部门的策略较为单一，主要是通过设定指标并将其与银行高管的评价挂钩来进行考核。

商业银行会根据监管部门的考核指标和奖惩机制，结合自身在农村金融领域的业务潜力，来制订相应的行动计划，即博弈策略。当前的农村金融运作模式实质上形成了金融监管部门与商业银行之间的"委托—代理"关系，在这种关系中，监管部门既是推动者也是实际的执行者，而商业银行则缺乏执行者的身份，导致了供给主体与执行主体之间的割裂，形成了博弈而非合作的关系。

实际上，优质的中小企业是商业银行争相提供融资的对象，即使没有农村金融政策，商业银行也会基于自身利益考虑对这些企业提供支持，这同样适用于符合涉农贷款条件的微型企业。因此，在现行的农村金融模式下，监管部门和商业银行各自追求不同的利益，它们之间的博弈是动态发展的，可以区分为合作博弈和非合作博弈两个阶段。

（1）合作博弈

对于金融管理部门而言，农村普惠金融的效用单一，即农村金融政策得以不折不扣地落地实施，如果没有具体的长远规划，就难以完成政府工作报告设定的目标。鉴于农村金融工作对于金融管理部门的重要程度，设年度效用为10。相比较而言，商业银行的效用表现出二元特征：一方面要考虑管理部门对于农村金融专项指标的考核，如果不能完成则会在年度监管评价中受到影响,甚至单位"一把手"受约谈,这一效用在本单位发展农村金融业务有客观需求时不会增加,因为超额完成"配额"没有额外的激励,设此效用 U_1 为3;另一方面,在本单位发展农村金融业务没有客观需求时,即发展农村金融不仅要付出人力、物力成本,还可能因此遭受直接损失,这将递减监管评价带来的效用。鉴于发展农村金融有客观需求是一个上限,即在没有补贴等激励的情况下发放涉农贷款的额度和扶持企业的数量是固定的,因此此时带来的效用也是有上限的。商业银行发展业务不具有"长尾效应",即通过提供多样化的小额贷款产品,来满足广泛小规模农户和小微企业的金融需求,这些小额贷款单独来看可能收益不高,但累积起来却能为金融机构带来稳定的收入流,并且有助于提升农村地区的金融包容性。在实践中,近年来商业银行为了完成涉农贷款指标也是绞尽脑汁,因此效用 U_2 不会太大,被设定为 $[-\infty, 3]$。后者从农村金融业务开展中获得的效用会随着难度增加而递减,使得商业银行的综合效用逐步减少。金融管理部门与商业银行的初始博弈模型如图4-2所示。

		商业银行	
		执行	不执行
管理部门	考核	10, 6	3, 3
	不考核	3, 3	3, 3

图4-2 商业银行与金融管理部门的初始博弈结果

从图4-2可以看出,管理部门考核的期望效用为6.5($0.5 \times 10 + 0.5 \times 3$),不考核的效用为3($0.5 \times 3 + 0.5 \times 3$),因此,管理部门的理性选择为"考核"。对商业银行来讲,在管理部门考核的情况下,执行考核得到的效用最高,其他策略的效用都最低,因此商业银行的理性选择也为"考核"。这样,(考核,执行)为最均衡。随着农村金融业务的深入,符合商业银行融资条件的农村企业越来越少,商业银行付出的成本将越来越高,获取的效用将越来越少,直到降为零。此时的博弈模型变为图4-3。

由图4-3可知,商业银行获取的效用为零,已到了执行与不执行的边

		商业银行	
		执行	不执行
管理部门	考核	10, 0	0, -3
	不考核	0, 0	0, 0

图 4-3 金融管理部门与商业银行临界点博弈结果

界，继续考核将叠加商业银行开展农村金融业务的成本，减少商业银行综合效用，改变合作格局，面临非合作博弈。

(2) 非合作博弈

商业银行与金融管理部门的关系属于非领导与被领导关系，金融管理部门对商业银行高管人员有审批权，没有任免权，对商业银行的制约主要体现在对商业银行高管人员的审批与使用与否的建议上，与职工的权益无直接关联。鉴于此，商业银行承担政策性很强的业务到一定程度必然呈现出与金融管理部门非合作的博弈关系。承接上述效用赋值，当商业银行为完成管理部门下达的年度涉农贷款指标、完成任务带来的政治荣誉不足以弥补开展农村金融带来的负效用时，即当商业银行综合效用为负值时，商业银行便不会再配合金融管理部门的考核政策。例如 U_2 取值为 -3，如图 4-4 所示。

		商业银行	
		执行	不执行
管理部门	考核	10, -3	0, 0
	不考核	0, 0	0, 0

图 4-4 金融管理部门与商业银行长期博弈的结果

上述博弈是在现有条件下进行的设计，如果管理部门提高奖励幅度，例如给予专项再贷款利率优惠、降低存款准备金缴存比例或直接给予商业银行专项补贴等；或加大惩罚力度，例如加大监管检查频率、把更多的高管人员纳入高管评价后直接罚款等，则一定程度上会改变商业银行在某一特定时期综合效用值的大小，延长其综合效用趋向 0（即临界点）的时间，但效用 U_2 是负无穷的，因此，从长期来看，博弈的结果不会改变，（不考核，不执行）

是最终的纳什均衡。

（3）商业银行之间的博弈与羊群效应

涉农贷款总体上是一个界限不明晰的模糊领域，金融管理部门划定的涉农贷款范畴，其实并无科学而严谨的依据。同时，对于涉农贷款，既没有对商业银行划定边界，在利率优惠程度方面也无硬性要求。因此，在各家商业银行都有指标任务的情况下，符合"涉农贷款"范围的中小企业便是商业银行的"公地"，随着竞争的加剧，商业银行的融资机会将越来越小，开展农村金融业务的人力成本和资金成本将越来越高，对于这种"公地"的争抢的结果，必然是部分无法承受高成本重负的商业银行将退出竞争，放弃农村金融业务。不妨将商业银行按照成本高低划分为两种类型，其博弈关系如图4-5所示。

	商业银行乙类	
	竞争	不竞争
商业银行甲类 竞争	3, 3	6, -3
商业银行甲类 不竞争	-3, 6	-3, -3

图4-5 成本不同情况下的博弈关系

在此条件下，（竞争，竞争）是纳什均衡，商业银行对"公地"的竞争不可避免。在竞争条件下，"公地悲剧"将很快就出现，部分商业银行便提前到了放弃农村金融业务的临界点。

众多的商业银行机构在开展农村金融业务的过程中获得的效用及付出的成本是各不相同的。相对而言，国有大行因其国有性质，对农村金融业务发展意愿、监管评价重视程度、金融资源支持、从业人员调配等方面都有相对优势，与金融管理部门的配合力度也大，这样，由于存在"羊群效应"，国有银行将在农村金融业务发展中起到稳定器的作用。但随着发展农村金融业务成本的上升，某个非国有银行会不堪重负，在综合效用为负的情况下，选择"不执行"，成为第一个非合作的"领头羊"。同样，在"羊群效应"下，越来越多的商业银行将加入不执行的行列，最终，执行农村金融政策意志最坚决的国有银行也将加入这个行列,(不考核,不执行)是最终的归宿。这也诠释了我国现有农村金融供给模式不可持续、不能长久助力乡村振兴与共同富裕的真正原因。

与金融管理部门的博弈根源在于承担了涉农贷款考核指标,商业银行出于自身的成本收益与风险的考量做出的决策。对于商业银行自身而言,不良的农村金融业务可能会降低群众对其的信誉评价,进而对业务收入和盈利水平造成影响。

商业银行在农村金融中的博弈行为给社会和市场带来的较大的负面影响,不仅会导致农村金融市场的不稳定,进而影响其正常的运作和公益性质的实现,还会削弱客户的信任和使用农村金融服务的意愿,损害社会和经济发展。

5

地位与使命：
农村金融体系的
改造与重构

5.1 农村金融供求市场现状剖析

5.1.1 农村金融需求分级与分层

当前,我国农村地区的金融需求呈现出多样化的特点。一方面,随着农业现代化的推进和农村经济结构的调整,一部分农民和农业经营主体对资金的需求逐渐增加,且需求的类型也越来越多样化,包括种植、养殖、加工、销售等多个环节。另一方面,由于农业生产的特殊性,如周期性强、受自然条件影响大等,使得农村金融需求具有明显的季节性和不确定性。

针对农村金融需求的多样性,进行分级是提高金融服务效率和满足不同需求的关键。农村金融需求按照不同的标准有不同的分级:

(1)资金需求规模分级。按照所需资金的额度,农村金融需求可分为"小额信贷"和"大额信贷"两种类型。小额信贷主要针对普通农户的日常生产和生活需求设计;而大额信贷则专为农业企业或规模经营主体的扩大再生产需求服务。

(2)资金需求性质分级。依据资金用途,需求被划分为"生产性需求"和"生活性需求"。生产性需求关注于农业生产经营活动,例如购买种子、化肥和农机等;生活性需求则关联农民的日常生活消费、教育和医疗等方面。

(3)资金需求紧迫性分级。根据资金需求的紧急程度,需求被分为"紧急需求"和"常规需求"。紧急需求通常与自然灾害、市场波动等不可预见因素相关联,要求金融服务能够快速响应;而常规需求与正常的生产生活周期相符,具有可预见性和规律性。

在分级的基础上,进一步对农村金融需求进行分层,有助于更加精准地提供金融服务。农村金融按照不同的标准有不同的分层:

(1)按照农户的信用状况分层。可以将农户分为信用良好、信用一般和信用较差三个层次。对于信用良好的农户,金融机构可以提供更优惠的贷款利率和更灵活的还款方式；对于信用一般的农户，则需要提供一定的信用增强措施；而对于信用较差的农户，则需要更多的信用建设和金融教育。

（2）按照农户的收入水平分层。可以将农户分为高收入、中等收入和低收入三个层次。对于高收入农户，金融机构可以提供更多样化的金融产品和服务；对于中等收入农户，则需要提供适度的金融支持和服务；对于低收入农户，尤其是贫困农户，则需要政策性金融的支持和扶贫金融服务。

（3）按照地区的经济发展水平分层。可以将农村地区分为经济发达地区、经济中等地区和经济欠发达地区。对于经济发达地区，金融机构可以重点推广产业升级和技术创新相关的金融服务；对于经济中等地区，则需要提供更多的产业发展和结构调整的金融服务；对于经济欠发达地区，则需要更多的基础设施建设和基本公共服务的金融支持。

农村金融需求分级与分层还可以用马斯洛的需求层次理论来分析。在我国的农村地区，金融需求的多样性体现在以下几个关键领域：

（1）基础生存需求：农户为了满足基本生活所需的资金。

（2）日常生活需求：涵盖了农户在日常生活中的消费和对更高生活品质追求的资金需求。

（3）小额生产资金需求：农户在进行农业生产时所需的小规模资金。

（4）经营性资金需求：涉及农户在农业经营活动中所需的更大规模资金。

（5）产业化发展资金需求：随着农村产业的升级和扩展，对资金需求的规模也相应增大。

（6）基础设施建设需求：农村地区公共基础设施的建设和维护所需的金融支持。

考虑到农村居民的收入情况和他们对金融服务的分层需求，农村金融市场可以被细分为多个子市场，如图 5-1 所示。从图中可以清晰地看出，随着时间的推移，农户的个人状况、行为倾向和心理预期正在持续变化，这些变化直接影响到他们的金融需求。同时，各个子市场的规模也在不断地变动之中，这说明对农村金融市场的细分应该是一个动态的、持续进行的过程。

由于农村金融需求客观上存在需求分级与分层，商业银行等传统金融机

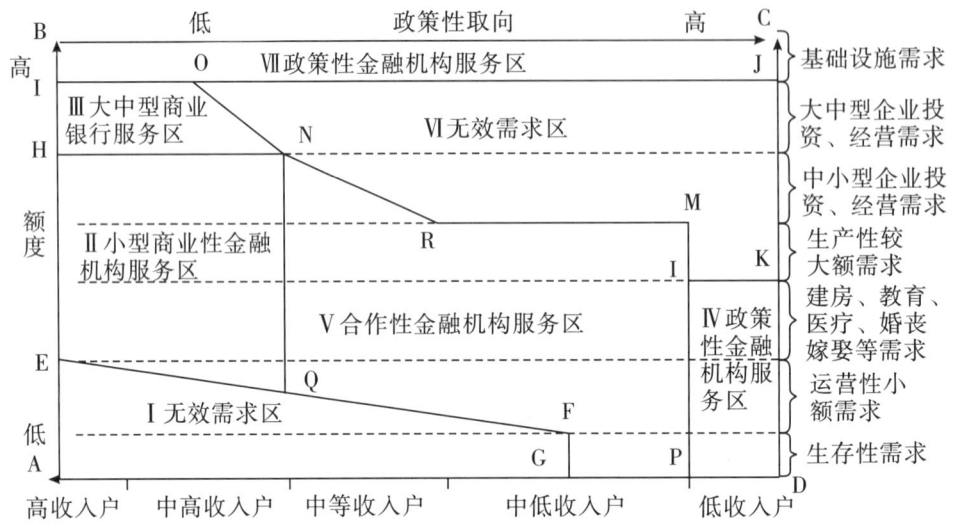

图 5-1　农村金融市场细分图

构在服务农村市场时面临诸多挑战。一些具有较高信用等级和还款能力的农业经营主体可以获得商业银行的贷款，但更多的小规模农户和贫困地区的农民由于缺乏足够的抵押物或信用记录，往往难以满足商业银行的贷款条件，导致"贷款难"的问题。

5.1.2　农村金融供求错配

我国农村金融供给主体是商业银行，而商业银行因提供的金融服务无法完全满足客户多样化的需求，因此出现了供求错配的现象。

（1）从金融供给方面来看，商业银行作为主要的农村金融供给机构，其供给品种相对单一。商业银行主要提供传统的存款、贷款、信用卡等常规金融服务，而对于细分市场、小微企业、农村地区等特定客户群体的需求，供给品种较少。例如，在农村地区，由于地理位置和经济条件的限制，农民和农村居民的金融需求与城市居民有所不同，但商业银行的产品和服务并未完全满足其需求。

（2）金融需求主体的多元化导致需求多样化。随着经济的发展和社会的变化，不同群体对农村金融的需求也日益多元化。例如，小微企业对于贷款、融资的需求较为迫切，但在商业银行的贷款政策中，小微企业往往被视为高风险群体，难以获得足够的融资支持。另外，个体工商户、创业者等新兴群体也面临着金融服务供给不足的问题，无法获得适当的金融支持。

(3) 供求错配也与金融服务的错位有关。商业银行的机构设置主要集中在城市地区，而农村地区和边远地区的客户往往面临金融服务的滞后和不充分问题。这导致了农村地区的金融供给相对不足，并且由于客户分布的差异，商业银行的传统金融服务模式难以覆盖到这些特定地区的需求。

在我国农村金融市场中，供给与需求之间的错配现象较为突出。如图 5-2 所示，商业银行作为金融服务的主体，其对农村市场的金融供给并未能全面覆盖全社会的农村金融总需求。这一现象在图中通过不同大小的圆圈得到了直观的展示：商业银行提供的农村金融服务圆圈较小，而全社会农村金融总需求的圆圈则相对较大，以此形象地说明了供给与需求之间的差距。

在全社会的农村金融总需求中，需求群体因行业属性、资产规模、经营能力等因素的差异，对金融服务的需求也呈现出多样性。根据资质的不同，农村金融需求可以分为多个等级，例如第 1 等级、第 2 等级、第 3 等级等。商业银行在自然经营状态下，往往只能满足资质较好的农村金融客户，如第 1 等级的需求。在面临指标考核的压力时，商业银行可能会牺牲一定的利润来满足第 2 等级客户的需求，但对于第 3 等级及更次级的客户，商业银行则难以提供足够的金融支持，从而形成了农村金融服务中的"短板"。

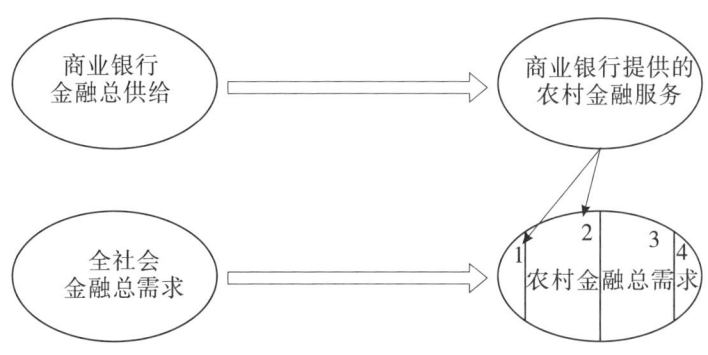

图 5-2 农村金融供给与需求错配示意图

这种供需错配（图5-2）导致了以商业银行为主导的农村金融供给模式面临严峻挑战。商业银行的服务无法覆盖所有等级的农村金融客户，特别是对于那些资质较低的农户和小微企业，他们的需求往往被忽视。这不仅阻碍了农村金融政策的深入实施，也对乡村振兴战略的推进产生了不利影响。

市场机制在某些领域并非万能，特别是在农村金融这一特殊领域。我们不能简单地认为，凭借商业银行的规模和社会责任，就能够解决所有问题。实际上，商业银行在提供农村金融服务时，往往面临着"方形钉子放入圆形洞"的困境，即服务工具与实际需求不相匹配。为了解决这一问题，我们需要在众多矛盾中识别出主要矛盾，忽略那些次要因素，并寻找合适的金融机构来满足农村金融的特定要求，而不是固执地坚持不合适的选择。

5.1.3 农村金融供给盲区

在我国农村金融领域，存在一个显著的供给盲区问题，这主要是由于农业作为一个受自然条件和市场波动影响较大的行业，其盈利能力相对较弱，因而贷款风险较高。在市场经济中，金融机构为了补偿这种风险，往往会提高贷款利率。但是，过高的利率会加重农民的负担，导致他们难以承担，进而无法满足实际的贷款需求，形成了农村金融供给的盲区，如图5-3所示。

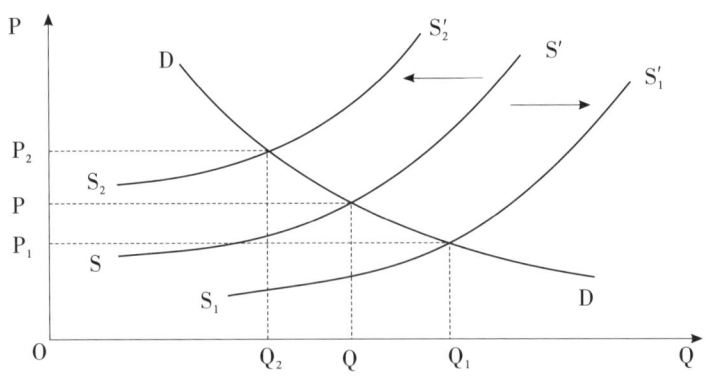

图5-3 商业银行农村金融供给盲区图

在图5-3中，DD'代表农村金融需求曲线，假设在短期内该曲线保持不变。与初始供给曲线 SS′ 相交,形成均衡点,对应的供给量为 Q,价格为 P。然而,由于农村金融政策的实施和经济金融环境的变动,供给曲线会动态调整,可能向右或向左移动。当农村金融政策推动金融供给增加时,供给曲线向右移动至 $S_1S_1′$,导致供给量增至 Q_1,贷款价格降至 P_1。相反,如果商业银行减少农村服务网点和自助设备,供给曲线则向左移动至 $S_2S_2′$,供给量减少至 Q_2,价格上升至 P_2。不论供给曲线如何变动,它都存在一个极限,即商业银行业务的自然边界或在政策考核压力下的边界。如果 $S_1S_1′$ 与 DD′ 形成的均衡点对应的供给量 Q_1 和价格 P_1 是商业银行在政策考核下能提供的极限,则在这个均衡点以下的农村金融需求将无法得到商业银行的覆盖,从而形成了农村金融供给的盲区。

农村金融供给盲区的存在首先表现在对小规模农户和贫困地区金融服务的不足。这些群体由于缺乏足够的抵押物和信用记录,难以从商业银行获得贷款。即便够获得贷款,也可能因为贷款利率过高而无法承受还款压力,最终选择放弃贷款。此外,农村金融供给盲区还体现在金融服务的种类和方式上。由于贷款利率的限制,农民往往难以获得多样化的金融服务,如短期流动资金贷款、中长期投资贷款等,限制了农业生产的多样化和农业经营的规模化发展。同时,农村金融供给盲区可能导致农业生产的季节性风险得不到有效管理,因为农业生产具有明显的季节性特征,农民在不同季节对资金的需求各异。如果贷款利率过高,农民可能在关键时期无法获得必要的资金支持,影响农业生产的正常运行。此外,农村金融供给盲区还可能加剧农村地区的贫富差距,因为金融服务的不平等可能导致一些农户和农业企业获得更多的发展机会,而其他农户则可能面临更加困难的境地。

综上所述,农村金融供给盲区是一个涉及贷款利率、金融服务覆盖、农业生产特点等多方面因素的复杂问题。贷款利率作为资金价格的核心,对农村金融供给的影响至关重要。只有通过合理的利率定价机制,才能确保金融服务的有效供给,满足农村地区的多样化金融需求,促进农村经济的健康发展。为此,需要金融机构、政策制定者和社会各界共同努力,通过创新金融产品和服务、优化利率定价机制、提高金融服务覆盖面等措施,来缩小乃至消除农村金融供给的盲区。

5.2 农村金融"三驾马车"的履职评价

5.2.1 政策性金融

5.2.1.1 中国农业发展银行

(1) 现有职能

中国农业发展银行(ADBC),成立于1994年,是由国家出资设立的国有政策性银行,是我国目前唯一一家农业政策性银行,直属国务院领导,其成立的主要目的是支持国家的农业和农村经济发展,特别是在农业基础设施建设、农业产业化经营、扶贫开发、生态环境保护等方面发挥重要作用。作为国家金融体系中的重要组成部分,ADBC在推动农业现代化、促进农村经济结构调整和改善农民生活条件等方面扮演着关键角色。ADBC通过多种金融工具和服务手段实现上述职能。包括长期贷款、短期流动资金贷款、信用证、保函等多种金融服务。同时,ADBC还不断创新金融服务模式,如通过公私合作(PPP)模式吸引社会资本投入农业和农村项目,提高项目的资金效率和运营效果。此外,ADBC还注重与政府部门的沟通协调,确保金融政策与国家农业发展战略相一致。通过与农业农村部门、财政部门等的紧密合作,ADBC能够更好地理解和响应国家的农业政策需求,为农业和农村经济发展提供更加精准和有效的金融支持。

ADBC的经营范围包括:办理粮食、棉花、油料、食糖、猪肉、化肥等重要农产品收购、储备、调控和调销贷款,办理农业农村基础设施和水利建设、流通体系建设贷款,办理农业综合开发、生产资料和农业科技贷款,办理棚户区改造和农民集中住房建设贷款,办理易地扶贫搬迁、贫困地区基础设施、特色产业发展及专项扶贫贷款,办理县域城镇建设贷款,办理农业小企业、产业化龙头企业贷款,组织或参加银团贷款,办理票据承兑和贴现等信贷业务;吸收业务范围内开户企事业单位的存款,吸收除居民储蓄存款以外的县域公众存款，吸收财政存款，发行金融债券；办理结算、结售汇和代客外汇买卖业务，按规定设立财政支农资金专户并代理拨付有关财政支农资金，买卖、代理买卖和承销债券，从事同业拆借、存放，代理收付款项及代理保险，资产证券化，企业财务顾问服务，经批准后可与租赁公司、涉农担保公司和涉农股权投资公司合作等方式开展涉农业务；经国务院银行业监督管理机构批准的其他业务。

支持粮食安全方面。作为国家粮食安全重要保障机构，ADBC 在粮食生产领域发挥着关键作用。支持和资助粮食仓储设施的建设和改造。粮食仓储设施是确保粮食质量和储存安全的基础。ADBC 通过向粮食企业和农民合作社提供贷款、提供财政资金代理拨付，帮助建设标准化、现代化的粮食仓储设施。有助于提高粮食仓储能力、减少损耗和浪费，并确保粮食持续供应和安全储备。积极支持农产品的流通和贸易，以确保粮食顺畅流通、市场供应稳定。提供贷款和金融服务，支持农产品加工、包装、运输和物流等环节，推动农产品自产区向消费区的流通。同时，ADBC 还为农产品贸易提供融资支持，包括为农产品的出口和进口提供信用担保、开立信用证等服务，促进国内外农产品贸易和市场稳定。帮助农民应用先进的种植技术和管理方法，提高粮食产量和质量，并减少对化学农药和化肥的使用，有助于保障粮食安全和生态环境的可持续发展。有助于提高粮食生产效率、增加粮食产量，确保国家的粮食安全。

助力推进农业现代化方面。服务"藏粮于技"战略和民族种业振兴。支持种业振兴、高端农机装备、智慧农业、生态环保、农业科技贷款创新平台等重点领域科技成果转化以及现代农业科技创新推广应用，发挥政策性金融的引领作用，以科技自立自强赋能农业农村现代化，提升农业科技进步贡献率。服务并稳住农业基本盘和国民经济稳定大局，保障肉禽蛋奶糖果蔬等重要农产品有效供给。利用春耕备耕农业生产关键时节，加大对农资供应、农机作业、农村土地流转和规模化经营等农业生产环节的支持。推进农村现代流通体系建设。完善农产品批发市场、农贸市场、连锁配送等农产品流通网络建设，服务冷链物流设施补短板和农业农村流通新业态发展，支持物流节点涉农物流基础设施和县域商业体系建设，畅通农产品进城和消费品下乡双向渠道，服务城乡物流畅通保供。聚焦"一县一业""一村一品"特色产业工程和规模化主导产业，发挥龙头企业在产业链中的带动引领作用。支持产业融合平台构建，支持国家级涉农园区、农产品加工园区、返乡创业园等园区和平台建设，推动农业农村要素资源整合。

推动农业农村建设方面。对应国家和地方水利发展规划，坚持专项优惠政策，与水利部等密切协同，做好重大水利及民生水利工程金融服务。深化与交通运输部的沟通合作，创新支持强农惠农高速公路与路衍经济项目。服务农村基本具备现代生活条件目标任务，聚焦乡村建设行动重点任务，围绕农村人居环境整治提升五年行动重点领域，加大农村厕所革命、农村生活污水和垃圾等信贷支持力度。围绕推进县域内产业配套设施提质增效、市政公用设施提档升级、公共服务设施提标扩面、环境基础设施提级扩能，持续加大信贷支持力度。持续强化重点客户营销服务，不断加强贷款合规风控管理，稳步推进棚改贷款业务发展。推进全行保障性租赁住房贷款合规、稳健、可持续发展。以激发农村土地资源要素活力为核心，聚焦高标准农田建设、耕地保护、耕地利用等重点领域，加大信贷支持力度，推动服务"藏粮于地"战略落地落实。围绕水资源优化配置、流域防洪工程、农村供水、灌区建设与改造、水生态保护治理和智慧水利建设六大重点领域，聚焦重大水利工程和民生水利工程，加大信贷投放力度。

截至2022年末，ADBC各项贷款74 361亿元，较上年增加10 085亿元，其中涉农贷款余额达到72 792亿元，占全行各项贷款（不含贴现、转贴现）的比例为95.60%。营业收入1282亿元，较上年增加252亿元；净利润311亿元，较上年增加63亿元。ADBC自成立以来的贷款变化情况见图5-4。

（2）职能变迁

ADBC自成立以来，其职能经历了多个阶段的发展和变化，以适应不同时期国家农业和农村经济发展的需求。

①初始阶段（1994—1998年）

成立背景：ADBC是根据1993年12月《国务院关于金融改革的决定》组

5 地位与使命：
农村金融体系的改造与重构

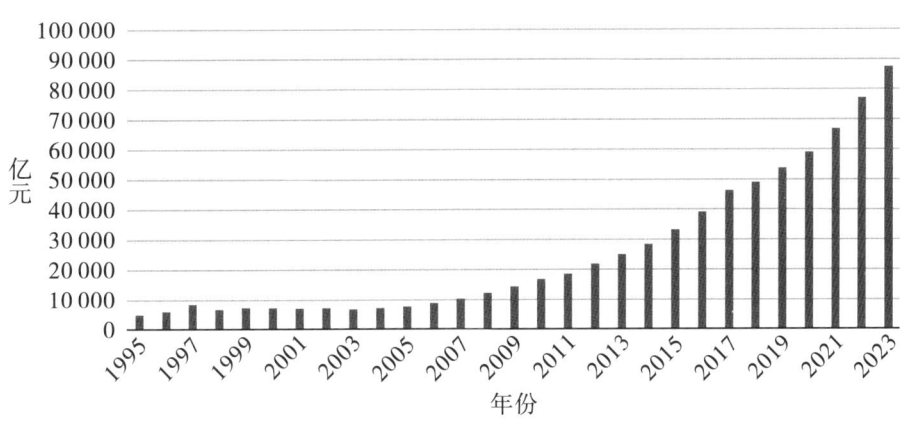

图 5-4　中国农业发展银行 1995—2023 年贷款变化图

注：根据公开数据整理。

建的，目的是支持国家的粮油棉储备和农副产品收购，以及农业开发中的政策贷款需求。

主要职能：在成立初期，ADBC 主要负责粮油棉储备资金的贷款，以及农副产品收购和农业开发的政策性贷款业务。这些职能体现了 ADBC 作为政策性银行的基本角色，即为国家的农业政策提供金融支持。

②业务调整阶段（1998—2004 年）

业务转变：1998 年粮食流通体制改革后，ADBC 的业务范围发生了变化，主要集中精力加强粮棉油收购资金的封闭管理，确保这些关键农产品的稳定供应。

随着业务范围的集中，ADBC 因其在粮食领域的重要作用而获得了"粮食银行"的别称，这一称呼一方面反映了其在国家粮食安全中的支柱地位，另一方面说明 ADBC 业务范围狭窄，只限定在粮棉油贷款方面。

③改革与扩展阶段（2004—2014 年）

政策性银行改革：2004 年起，ADBC 开始与地方政府合作，通过签订银政合作协议，为农田改造、水利设施等项目提供贷款，这标志着 ADBC 职能的扩展和多元化。

职能扩展：在这一时期，ADBC 不仅继续支持传统的农业领域，还开始承担更多的农业政策性金融业务，如支持农业产业化发展、农业基础设施建设等，以促进农业现代化和农村经济的全面发展。

风险管理：随着业务范围的扩展，ADBC 加强了对农业政策性贷款的风险管理，确保资金专款专用，提高资金使用效率和安全性。

④深化改革阶段（2014 年至今）

改革方案实施：2014 年国务院审议通过 ADBC 改革实施总体方案，这一方案进一步明确了 ADBC 的职能和发展方向，推动了 ADBC 的深化改革。

服务乡村振兴：ADBC 加大了对乡村振兴战略的金融支持，涵盖了粮食安全、农业现代化、农村基础设施建设等多个方面，以促进农业和农村的全面发展和进步。

风险防控：在继续强化风险防控机制的同时，ADBC 也推动了创新发展，提升服务质效，确保金融资产安全，更好地服务于国家的农业和农村发展战略。

ADBC 的职能随着国家战略需求的变化而不断调整和优化，从最初的粮油棉储备贷款，到后来的农业产业化和现代化支持，再到当前的乡村振兴战略服务，ADBC 始终致力于发挥其政策性银行的作用，支持国家的农业和农村经济发展。同时，ADBC 也在不断加强风险管理和内部控制，以确保其业务的健康可持续发展。

（3）履职评价

ADBC 作为国家政策性银行，在履职过程中取得了显著成绩，同时也存在一些不足之处，需要进一步改进和完善。取得的成绩主要有：

①支持"三农"发展。ADBC 始终坚持以服务"三农"为己任，通过提供政策性贷款支持农业产业化、农业基础设施建设、农村土地流转等领域，有效推动了农业现代化和农村经济的发展。

②保障国家粮食安全。ADBC 在保障国家粮食安全方面发挥了重要作用，通过及时足额的粮食收购贷款，确保了粮食市场的稳定供应，维护了农民的利益。

③推动乡村振兴：响应国家乡村振兴战略，ADBC 加大了对乡村振兴的金融支持力度，通过贷款、债券等多种金融工具，支持了农村基础设施建设、

农业科技创新、绿色生态建设等项目。

④风险管理与创新。ADBC不断加强风险管理,通过创新金融产品和服务,如发行绿色债券、推出线上小微企业信贷业务等,提高了金融服务的效率和质量。

⑤深化改革与创新。ADBC积极推进内部改革,如运营全国大集中系统的成功上线,提升了业务处理效率和风险防控能力,为高质量发展奠定了基础。

ADBC在实际履职过程中,也存在一些问题和不足,这些问题在一定程度上制约了ADBC服务效能的提升和农业政策的实施效果。主要表现在:

①服务覆盖面的不足。尽管ADBC在全国范围内设有分支机构(区县级),但乡镇没有分支机构,一些远离区县驻地的偏远农村地区的金融服务覆盖不足,导致部分农业企业难以获得必要的金融服务。同时,ADBC一直都只办理对公业务,没有个人业务,不能直接服务农户,一定程度上削弱了政策性金融的功能。特别是在一些贫困地区,金融服务的缺失加剧了资金短缺问题,影响了农业生产和农村经济发展,限制了当地农业产业的发展和农民生活水平的提高。

②产品创新能力的局限。当前,农村金融市场的需求日益多样化,但ADBC提供的金融产品和服务种类相对有限,难以满足不同类型农业企业的个性化需求。同时,ADBC现有贷款产品在支持全面推进乡村振兴方面的针对性不足。针对防返贫监测对象、脱贫人口等重点帮扶人群,主要是依靠城乡一体化贷款、支农转贷款等方式予以间接支持,尚无专属精准帮扶贷款产品。

③数字化转型的挑战。随着金融科技的快速发展,数字化已成为金融服务的重要趋势。ADBC虽然已经开始推进数字化转型,但与商业银行相比,其数字化服务水平和效率仍有较大差距。农村地区的网络基础设施相对落后,ADBC线上服务能力制约了政策性金融功能的发挥。

④内部管理和运营效率的提升缓慢。ADBC业务流程和管理方式较为传统,缺乏灵活性和效率,其内部管理模式没有随着经济环境的变化和其他金融机构的改变而改变,政策性银行的属性制约了金融功能的发挥,对涉农企业的管理思想根深蒂固,服务意识淡薄,跟不上时代发展的步伐,在内部管

理和运营效率方面还有很大的提升空间。

⑤政策执行与盈利冲动的平衡。政策执行与盈利冲动的平衡是政策性银行面临的一个复杂挑战。ADBC 作为政策性银行，其核心任务是支持国家农业政策的实施，促进农业和农村经济的发展。然而，作为一个金融机构，ADBC 同时也需要考虑自身的盈利能力，确保可持续经营。

ADBC 需要深入研究国家农业政策，对市场进行细致的调研，了解农户和农业企业的具体需求和市场趋势，以确保政策执行与市场需求的契合。可以开发与农业政策相符合的金融产品，如农业贷款、农业保险等，同时引入创新的金融工具和服务模式，以提高市场竞争力。在执行政策的同时，需要建立健全的风险管理体系，对贷款项目进行严格的风险评估，确保贷款的安全性和收益性。通过政策激励措施，如税收优惠、财政补贴等，吸引农户和农业企业参与，同时利用市场激励机制，如利率优惠、信贷便利等，提高服务的吸引力。

ADBC 在追求经济效益的同时，也需承担社会责任。一方面，ADBC 要积极支持可持续发展项目，如生态农业、绿色信贷等，以实现社会、经济和环境的和谐发展；另一方面，ADBC 利用其政策性银行的身份获取低成本的资金来源，尽管执行低利率的贷款政策，但仍有较可观的盈利水平。ADBC 应将在开展农业政策性业务中获取的利润"反哺"到"三农"，作为其他金融机构因从事"三农"业务带来亏损的补偿来源途径之一。或者在执行现有优惠利率的基础上，再度降低利率，降低"三农"融资成本，增强其持续生存与发展能力。

⑥资金来源优势与政策性金融功能的错位。政策性金融机构得益于国家信用背书，在资金筹集方面具有显著优势，它们能够发行政策性金融债券，也即政策性银行债券。这类债券是政策性银行为了聚集信贷资金，在国务院的批准下，由中国人民银行通过计划分配的方式，向包括邮政储蓄银行、国有商业银行、地方性商业银行、城市商业银行（城市合作银行）、农村信用社等在内的金融机构发行的。政策性金融债券因其发行主体为政策性银行，安全性高，同时利率相对较低，这有助于降低借款方的融资成本，并增强金融

资源配置的效率。例如，2023年7月5日，农业发展银行发行的2023年第十期金融债券，便是一个10年期限的固定利率债券，其票面利率仅为2.83%，并且是按年度进行付息的。这不仅体现了政策性金融债券的稳定性，也展示了其在支持国家经济发展中的重要作用。

ADBC作为农业政策性银行，在新农村建设的背景下，肩负着更重要的使命，但从其职能和业务范围来看，其优势并没有充分发挥。一方面，农业政策性金融与国家专项债之间缺乏明确的联动机制，这导致在服务乡村振兴领域未能有效建立撬动政策性金融资金投入的联动机制；另一方面，政策性金融与农村小金融机构的资金融通壁垒没有打通，致使ADBC这一资金优势没有充分发挥，"三农"资金困境没有得到有效解决。建立ADBC和其他农村金融机构之间有效的资金融通机制，将是破解农村金融困局的关键一环。

5.2.1.2 国家开发银行

国家开发银行（下称"国开行"）积极参与乡村振兴，2021年5月将原扶贫金融事业部调整为乡村振兴部、普惠金融部和行业四部三个部门，各省级分行明确了乡村振兴牵头处室，2021年7月成立了乡村振兴工作领导小组，持续加大对农业和农村地区的金融支持力度，支持了农村基础设施建设、农业现代化、农村人居环境整治、巩固拓展脱贫攻坚成果等重点领域的发展。

国开行通过与农业农村部、国家乡村振兴局等部门的合作，构建多层次的外部合作体系，加强开发性金融政策机制建设，提升乡村振兴金融服务水平。

此外，国开行还积极探索创新服务方式，放大开发性金融支持乡村振兴的示范引领效应，例如通过发行乡村振兴专题金融债券等方式，引领社会资金投入农村基础设施、垃圾污水处理、美丽乡村建设等领域。

目前，国开行涉农贷款余额的52%投向了农村基础设施领域。2021年，国开行全年发放贷款5948亿元，2022年涉农贷款余额新增超过2500亿元，重点支持了产业发展、易地搬迁后续发展、东西部协作、农业现代化、农村基础设施建设等重点领域发展。

总体来看，国开行在乡村振兴方面发挥了一定作用，但受分支机构布局和业务重点的限制,其在乡村振兴的参与度不高,涉农贷款在其贷款总额中的比例微乎其微。

5.2.1.3 中国进出口银行

中国进出口银行通过提供涉农贷款,支持农业现代化和农业国际化发展,助力乡村振兴和农业对外合作。该行的贷款产品涵盖境外投资贷款、促进境内对外开放贷款、出口卖方信贷、进口买方信贷以及吸收境外投资贷款等多个方面,旨在促进企业开展农业境外投资和涉农产品进出口,满足相关企业境内外生产经营的需求。同国开行类似,进出口银行业因分支机构布局和业务重点的限制,涉农贷款不论在额度还是在其贷款总额中的比例均不高,2022 年末涉农贷款余额 4771 亿元。

5.2.2 农村信用合作金融

农村信用合作金融自 20 世纪 50 年代发端,最初是作为非盈利性质的资金互助组织而成立。随着时间的推移及金融改革的不断深化,农村信用社经历了一系列的重大变革,逐步从传统的合作制向商业化、股份制的方向转变。2003 年启动的新一轮改革标志着农村信用社改革进入了以股份制农村商业银行为目标的新阶段,社员资格股全面转变为投资股。截至 2022 年末,县级法人农村信用社的商业化改造基本完成,部分农村商业银行已经成功登陆资本市场。虽然商业化改革在产权制度、治理结构、资产质量和盈利能力等方面带来了显著变化,并在一定程度上增强了风险抵御能力,但改革后的农村合作银行已不再充分体现其"合作"的本质,我国农村信用合作社经过 70 多年的发展,其原始的合作性质正逐渐消失。

实际上,我国的农村信用社已经发生了质变,当前这一轮的"去合作化"和商业化转型改革是顺应形势的被动选择。在改革之前,农村信用社的合作基础已大为削弱,尽管有促使其回归组织上的群众性、管理上的民族性和经营上的灵活性的努力,但成效有限。此外,农村信用社存在的内部人控制问题严重,难以建立有效的治理结构,使得社员难以参与或影响决策过程,失去了原有的地缘和人缘优势。再者，农村信用社资本充足率不足，风险抵抗能力弱，经营面临困难，增资扩股面临较大阻力。相比之下，商业化转型能够在一定程度上缓解上述问题，因此被视为一种更为合理的选择。

5.2.2.1 农村信用社的发展历程

我国农村合作金融的异化是一个长期的渐变的过程，与特殊的政治经济环境息息相关，带有浓厚的时代烙印。按照"合作"程度的强弱，我国农村信用社的发展历程可以划分为以下六个阶段：

第一阶段：中华人民共和国成立初期，农村信用社作为筹集资金、支持农业生产的重要组织，经历了从"真合作"到"去合作化"的转变。1951—1957年，政府推动农村信用社发展，颁布相关章程，采用三种模式试办并逐步推广，成效显著，信用社覆盖率迅速提高。这一时期，信用社保持了鲜明的合作性质。

第二阶段：1958—1979年，农村信用社面临管理体制的频繁变动，特别是在"大跃进"和人民公社化时期，管理权多次转移，导致合作机制受到破坏，合作性质弱化。

第三阶段：1980—1995年，随着改革开放和农村经济体制改革，农村信用社开始尝试恢复合作制，但实际效果并不理想。1983年，农业银行提出恢复"三性"，1984年开始组建县联社，但合作金融属性仍逐渐淡化。

第四阶段：1996—2002年，农村信用社与农业银行脱钩，尝试建立民主管理组织，但由于治理结构和经营机制不健全，经营问题频发，不良贷款增加，金融服务难以满足社员需求。

第五阶段：2003—2010年，新一轮改革启动，国务院出台改革方案，改变县联社的产权制度和组织形式，省级地方政府接管。尽管成立了多家农村商业银行和合作银行，但改革仍存在不足，省联社未能有效促进合作制发展。

第六阶段：2011年以来，银保监会提出新目标，计划在五年内将所有农村合作金融机构上市，改制为农村商业银行，全面取消资格股。这标志着农村信用社合作制的终结，企业法人持股比例显著提高，合作制彻底结束。

我国农村信用社六个阶段的发展历程，自始至终都是围绕着"去合作化"

展开的,虽有微小波折,但总体来看,"非合作化"指向明晰,步步加深,如图5-5。图中显示,我国农村信用社的商业化具有不可逆转性,即便付出比以往更高的改革成本也难以促其回归合作制轨道,相反,对其进行商业化改造则是水到渠成的事情。

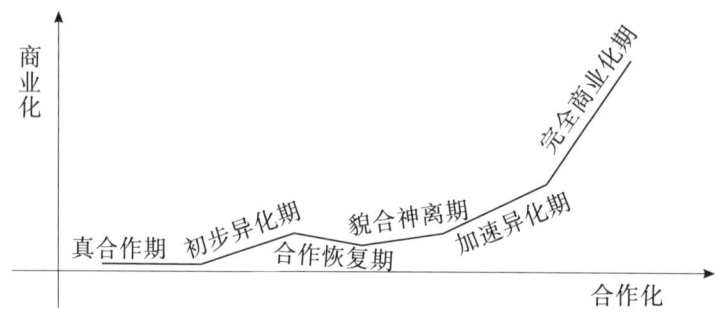

图5-5 农村信用社"去合作化"过程示意图

回顾农村信用社的变革历程,我们还可以发现这一变革始终是在中央政府的主导下进行的强制性制度变迁,见图5-6。此进程包括中央政府、省级政府、乡镇政府、农村信用社和商业银行等在内的多方利益相关者都参与了政策的制定和执行,他们在这个过程中扮演了博弈者的角色。然而,具有最直接利益关系的农民群体却始终处于这一变革过程的边缘,他们未能充分参与决策过程,合作性质早已有名无实了。

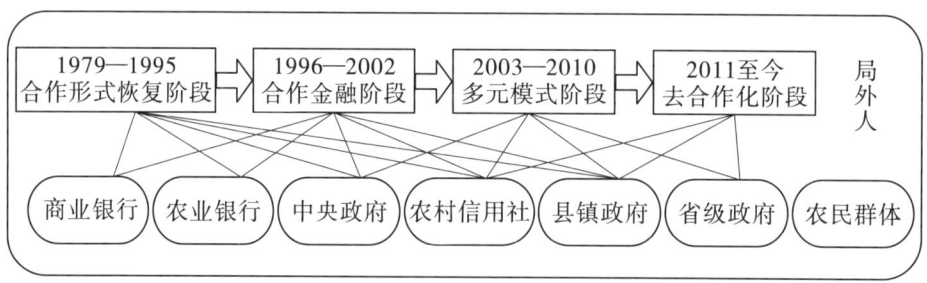

图5-6 农村信用社强制性制度变迁进程

来源:王劲屹. 我国农村金融体系独立性重构研究——基于罗尔斯正义原则[J]. 西南金融,2019(12).

改革后的农村商业银行取得了良好的绩效,但同时也削弱了扶持弱势群体的力度。已有研究表明,农村商业银行的总体绩效高于农村信用社,但在涉农服务方面的绩效却相反。从目前来看,对比改革目标与实际影响,改革结果的两面性如图 5-7 所示。图中改革结果的正负效应采用虚线,表示程度上的差别。

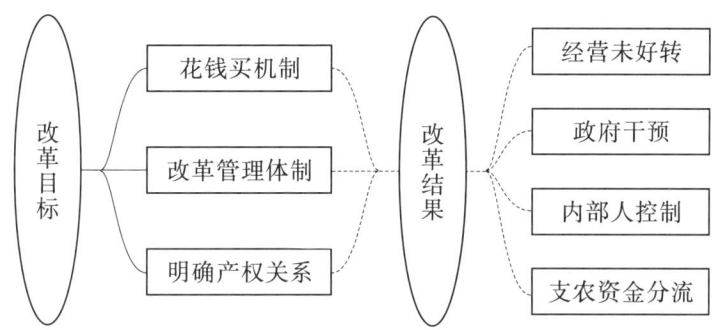

图 5-7　农村信用社商业化改革影响机制图

5.2.2.2　农信社商业化改革的积极影响

消化不良贷款,甩掉了历史包袱。2003 年农村信用社改革以来,通过"花钱买机制",中央政府通过财政补贴、税收减免、专项票据置换等政策,对农村信用社系统多年沉积的不良贷款、历史亏损挂账进行核销、置换、化解。此轮改革中央政府付出的直接显性成本超过 1800 亿元,一定程度上提高了农村信用社资产质量。

产权得到明晰,资本充足率提高。通过清产核资和增资扩股,将旧有股份清退,资格股转化为投资股,此举吸引了各类社会资本特别是优质涉农企业参与对农村信用社投资入股,股权设置进一步走向合理,产权关系更加明晰。同时按照设定的股本金目标对社会法人股和自然人股进行配售,使得农商行在商业银行改革前已经达到或者超过了 10% 的资本充足率。

改善了股权结构,建立法人治理结构。增资扩股使农村信用社的股权结构发生了较大改变,也提升了股东参与治理的积极性。长期以来,农村信用社所有权虚置、内部人控制等问题也得到了较好解决。对已经实现改制的农商行,建立了由股东大会、董事会、监事会和高级管理层组成的"三会一层"议事管理规则,法人治理结构得以建立。

盈利水平提升，抗风险能力增强。改革使得部分农村信用社的经营理念和发展手段发生了变化，优化了信贷投向，提高了资源配置效率和产出效能，经营状况逐步好转，资产规模持续扩大，经营成果有了较大提升。

5.2.2.3 农信社商业化改革的消极影响

"花钱买机制"效果打折扣。部分农村信用社对"花钱买机制"政策的认识和理解上存在偏差，并只看到票据兑付对于解决燃眉之急的短期利益，而忽视了改革最为关键的法人治理结构和经营机制转化。遗憾的是，由于没能跳出固有的经营思维，没有改变经营理念和经营方式，部分农村信用社不良贷款出现反弹，甚至改制后有些农商行还出现"返贫"。

法人治理仍欠完备。成立省级农村信用联社为进一步改革埋下了伏笔，同时也牢牢掌控了农村信用社的管理权。此举的后果是政府可轻易通过行政方式影响法人行社金融资源配置并增加了信贷风险。同时，改革后部分机构的"三会一层"流于形式，董事长集权现象突出，法人治理结构被扭曲，监事长职位形同虚设。

"内外部人控制"现象依然存在。农村信用社改革要求股东多元化、实施增资扩股，在这个过程中，小股东权益没有得到保护反而受到了歧视和挤压。有的大股东假借明晰产权之名，谋增加自家股权之实，将乡村居民等小股东股权排挤出去，甚至将小股东的股权违规集中代持。这样一来，大股东如愿控制了改制后的机构。

弱化了对"三农"的金融服务。尽管有关部门强调将服务"三农"发展战略作为产权改革的前置条件，但是这种要求不论从理论上还是从实务上均难以自洽。改制后，农商行有自由选择服务对象的权利，在面对优质客户与劣质客户时常会选择前者，即使用"社会责任"这一枷锁强加给它也不会持续发挥作用。某省农商行存贷比较全省金融机构平均大幅降低、农户贷款占贷款比重随着时间推移并没有上升反而下降，表明商业化改革结果并未达到改革的前置条件，"三农"金融供给相应地被削弱了。

我国农村信用社的商业化改革，是其自身长期以来"去合作化"积重难返的结果，是管理部门对其改革成本最小化选择的结果。改革后的农村商业银行，甩掉了历史包袱，一定程度上改善了管理体制，明晰了产权关系，但因内外部诸多因素的影响，改革的目标没有完全实现，同时产生了意想不到的负效应：部分机构经营状况没有明显改善，政府干预仍不同程度地存在，内部人控制仍未杜绝，影响最大的是其进一步远离了"三农"，远离了贫困群体，农村普惠金融供给遭到了削弱。但短期来看，农村商业银行经营地域主要在农村，仍是农村金融中不可缺少的重要力量，因此也必须引导其在普惠金融中继续发挥作用。

5.2.3 新型农村合作金融

新型农村合作金融组织在农村信用新一轮深化改革之时萌芽，在政策的推动下迅速发展壮大。据人民银行2010年9月牵头九部委共同参与的专项调研数据显示，截至2009年末，全国除西藏以外30个省（自治区、直辖市）共有大约5.6万家各类农村信用合作组织，发起资金共计6495.9亿元。

新型农村合作金融组织的产生与发展，一定程度上弥补了农村信用社商业化带来的不足，成为了贫困农户资金互济的有效渠道，部分解决了农村地区资金供给不足的问题。但整体而言，由于监管政策、经济环境以及自身经营等诸多内外因素的叠加影响，新型农村合作金融组织并没有得到健康有序发展。一度引起社会轰动的全国首家农村资金互助社——吉林省梨树县闫家村百信资金互助社，在经过长达7年的"休眠"后，不得不于2021年11月末宣布解散。百信资金互助社的谢幕，宣告了我国农村合作金融组织的发展走入低谷，陷入了困境。

5.2.3.1 新型农村合作金融组织类别及演变历程

根据监管主体或主管部门的不同，可以将新型农村合作金融组织划分为以下几种类型：

（1）银行监管部门准入型。此类组织由农民或农村小企业发起设立，经银行业监督管理机构批准，实行民主管理，称为"农村资金互助社"。2006年末，银监会发文鼓励此类组织发展，并于2007年印发了《农村资金互助社示范章程》。2007年3月，百信农村资金互助社开始营业，截至2012年6月，全国范围内获得批准的农村资金互助社共有49家。此后，由于不少地方的合作金融组织出现非法集资事件，银保监会因此暂停办理审批手续。截至2022年末，全国范围内农村资金互助社仅有37家，较2022年6月末又减少了2家。

（2）依托专业合作社型。此类组织由专业合作社内部成员以自愿方式入股设立，部分由农业部门审批。至2009年末，全国除西藏以外的30个省（市、自治区）该类型的农村资金合作组织有2.85万家，占当时全国资金互助组织总数的50.89%。此类资金互助组织又可分为三种情况，其中在专业合作社内部开展信用合作的占46.25%，依托专业合作社组建独立的信用合作组织的占比为46.01%，由专业合作社与其他企业、个人共同组建的占比为7.74%。此类资金互助组织是2015年及以后中央"一号"文件重点强调发展的类型。

（3）政府扶贫型。此类组织以财政部门的扶贫资金作为"互助资金"，在此基础上由贫困村农民再以自有资金入股等方式设立，部分由民政部门审批。这一类资金互助组织是在特定时期，针对特定贫困区域的特定贫困群体采用的一种特殊扶贫方式。2006年5月，国务院扶贫办和财政部联合出台了《关于开展建立"贫困村村级发展互助基金"试点工作的通知》（国开办发〔2006〕35号），在14个省（自治区）启动了试点工作。至2009年末，该类新型农村合作金融组织有1.13万家。

（4）供销社创办型。此类组织由供销社创办或领办。2012年9月，中华全国供销合作总社出台了《关于积极推进供销合作社系统开展农村金融服务的意见》（供销经字〔2012〕52号），提出"试点农村资金互助社并开展专业合作社内部资金互助"。随后，供销社系统进一步规范发展农村资金互助社，又将部分其他类型的农村资金互助社改制为供销社创办型，吸纳广大农民、种养大户、农村能人、农民合作社、涉农企业等为社员。供销社创办型农村资金互助社数量众多，但缺乏全国统一数据。

（5）农民自办型。此类指除上述几种情形外的由农民自发形成的资金互助组织，包括的范围较广，既有在产业合作的基础上设立的，也有以资金互助为主兼顾产业合作设立的。例如，安徽明光市潘村镇兴旺村 9 户农民自发组织成立"亲友互助会"，在民政部门登记为"兴旺农民资金互助合作社"。至 2009 年末，该类农村信用合作组织约有 1.62 万家。

表 5-1 不同类别新型农村合作金融组织比较表

序号	类型	名称	许可或登记	监管或主管部门	数量（截至 2009 年底）
1	正规组织	"农村资金互助社"	银监会颁发经营许可证，工商部门登记	银监会	49 家（截至 2012 年 6 月）
2	非正规组织	依托专业合作社的"资金互助部"	无金融许可证，无登记	农业部门	2.85 万家
3		扶贫"发展互助资金"	无金融许可证，民政部门登记	扶贫办	1.13 万家
4		供销社"农民资金互助社"	无金融许可证，供销社登记	供销社	无具体数据
5		不统一	无金融许可证，无登记	无	1.62 万家

来源：根据公开资料整理。

表 5-1 展示了不同类别的新型农村合作金融组织的比较情况。考虑到不同类型的新型农村合作金融组织具体名称的差异，本文以下统一使用正式的名称——资金互助社，以方便表述。

我国的资金互助社虽然种类不同，数量众多，但因发展受到共同的宏观环境及相似的微观因素的影响和制约，其发展演变具有相似的特征。总体来说，资金互助社的发展历程可以划分为以下几个阶段：

（1）探索阶段（2004—2006 年）。这段时期正值农村信用社深化改革启动之时，农村信用社商业化改革的指向凸显，农村金融供给的趋势发生了重大变化。为了满足自己的发展资金需求，降低资金成本，资金互助社应运而生。2004 年，中央发布了"一号文件"，鼓励创建直接为"三农"服务的多种所有制金融组织。2005 年，国务院发布了《关于深化经济体制改革的意见》(国发〔2005〕9号),要求探索发展新的农村资金互助社。2006年10月,国家出台了《中华人民共和国农民专业合作社法》,并于2007年12月修订,放宽了农村金融市场准入政策。同时期,国务院扶贫办、财政部开始了贫困村村级资金互助社的试点工作。

(2) 规范化发展阶段(2007—2012年)。为了防范风险,规范资金互助社的发展,实现对资金互助社的监督,银监会于2007年1月出台了《农村资金互助社管理暂行规定》(银监发〔2007〕7号),于同年12月发布了《中国银监会关于农村资金互助社监督管理的意见》(银监发〔2007〕90号),对资金互助社的监管原则、目标、方式、监督措施都作了明确规定。由于试点范围小,准入条件和监管内容严苛,资金互助社申请获批的机会非常少,2012年6月,银监会决定暂停办理资金互助社的审批手续。

(3) 非规范发展阶段(2013年以来)。尽管审批大门被关上,资金互助社并没有因此停止发展。2013年11月,党的十八届三中全会决议明确"允许合作社开展信用合作";2014年,中央发布"一号文件",提出"推动社区性农民资金互助组织发展";2015—2017年,中央"一号文件"将关注点放在合作社内部的资金互助上,要求先试点再扩大,同时落实地方政府监管责任。然而,由于缺乏正规的审批和有效的监管,新成立的资金互助社质量不高,甚至出现了违规吸储和诈骗集资案件,不仅扰乱了农村金融市场秩序,违背了政策初衷,也损害了资金互助社的形象。

5.2.3.2 资金互助社的困境及症结

资金互助社自成立至今,虽然经历了成长,但目前正面临一些挑战。主要问题包括:

(1) 管理不到位,注册登记比率低。人民银行2010年9月牵头召开的调查显示,在56 000家资金互助社中,仅有11.89%在工商或民政部门登记注册。在此数据中,依托农民合作社设立的资金互助社数量为2.85万家,但仅有1 772家登记注册,占比6.2%;以扶贫资金为引导的贫困资金互助社约1.13万家中,注册的有4 502家,占比39.84%;农民自发或由外部资金推动设立的资金互助社约1.62万家中,注册的有283家,占比1.75%。此外,还有4 823家尽管没有获得银监局的审批,却在工商部门登记注册,占比8.6%;同时,有6 769家在民政部门登记注册,占比12.08%;而没有在任何部门登记注册或备案的资金互助社,则有42 545家,占比75.97%。值得注意的是,由于银保监会暂缓审批,资金互助社的注册登记意愿也随之更低了。因此,大部分资金互助社处于无法得到有效管理的"野蛮生长"状态。

(2)监督不到位,潜在风险隐患大。2014年中央一号文件明确了资金互助社应坚持的原则,即社员制、封闭式、不对外吸储放贷、不支付固定利息。然而,从2010年9月人民银行牵头九部门的调研情况,以及2014年8月中国银行杂志发布的《农村资金互助社十年》来看,这些标准并没有得到有效执行,数量庞大的资金互助社中有很大一部分机构以合法之名从事非法的勾当。这些不良现象包括非法集资、高利贷以及"山寨银行"等,不仅没有起到资金互助的作用,还危害到广大农民的利益,扰乱了农村金融秩序。令人遗憾的是,对这些不符合运行标准的机构,还缺乏有效的监管,导致资金互助社质量的良莠不齐。

(3)资金来源不足,难以满足资金需求。资金互助社的资金来源一般有三条途径:吸收社员存款、接受社会捐赠资金(包括财政注资和部门专项资金)以及向其他金融机构融资。然而,由于社会捐赠资金没有普遍性,且如果有,也仅限于组建初期且资金额度有限;从其他银行业金融机构融入资金,缺乏细化的政策支持,虽然可以从当地银行机构批发贷款,但金额较小,无法提供充分的支持。因此,吸收社员存款便成为资金互助社的主要资金来源。但由于社员的资金规模较小,资金互助社汇集起来的资金总量也受到了限制,只能解决部分农民临时性的小额资金需求,难以满足产业更大规模发展的资金需求。

(4)盈利能力不强,难以维持可持续发展。在财务上可持续,是资金互助社生存的最低要求。然而,由于大多数资金互助社资金规模较小,贷款创收有限,而按照监管要求需要有相应的人力、物力和财力,成本费用大都是刚性支出,难以压缩。因此,在财务方面的可持续存在较大困难。同时,政府所出台的有关财税优惠条款不多,也缺乏相应的法律支撑,导致相应权益难以得到保护。经营管理方面的不稳定性和农户对财产安全的忧虑，也给资金互助社的持续经营带来许多隐患。资金互助社尚未形成一个完整的运营体系，没有形成系统优势，一旦出现风险和财务亏损，就缺少回旋的余地。

（5）人员素质不高，经营管理知识欠缺。由于资金互助社位于行政村内，年龄较轻且有一定文化素质的年轻人多数已外出务工。而资金互助社的管理人员年龄偏大，文化较低，缺乏金融知识和强烈的责任心，整体素质较为低下，难以适应资金互助社良性发展的需要。事实上，一些资金互助社缺乏严格有效的内部管理制度，其会员进入和退出没有严格的条件与约束，随意性较大，影响了资金互助社的稳定发展。此外，一些资金互助社为了吸引股金，盲目追求经营利润，从事风险较大的投资，给资金互助社持续经营带来了许多潜在的风险。

资金互助社存在上述诸多问题，既有内部的原因，也有外部的原因。而外部原因主要表现在以下几个方面：

（1）政策执行力度不够，与政策目标相脱节。资金互助社的成立是为解决农民自身资金需求，关乎乡村振兴和共同富裕目标，而农村资金互助社的地位和作用已经上升到国家层面。但各类资金互助社试点及试点后的监管与服务不到位，使互助社资金丧失了生存保障。

（2）监管与主管主体缺位，部门之间权责不清。资金互助社的不同种类对应着不同的审批机构和主管部门，这种多头审批和管理的模式使得资金互助社无所适从，实际上处于野蛮生长的状态。监管与主管部门权责不清，使资金互助社丧失了组织保障。

（3）政策优惠力度不够，与扶持目标相脱节。部分资金互助社获得了政府的鼓励与资金支持，但大部分机构并没有得到这种扶持；资金互助社贷款利率不得低于基准利率的0.9倍；增值税仍然按照简易计算法3%征收；监管要求比照成熟商业银行执行，造成了监管抑制；资金互助社在运营和农民融资项目开展等方面也缺少必要的培训。这些问题导致资金互助社缺乏发展保障。

（4）风险处置措施缺失，无救助缓冲余地。资金互助社存在着先天不足、资金来源不足、贷款需求难以满足、盈利能力差等问题。尤其是在2012年连云港"资金互助社非法集资跑路"事件后，公众对资金互助社产生怀疑，但资金互助社坚持了社区性原则，即使少数组织出现问题也不会造成系统危机。然而监管部门由此暂停了资金互助社的审批，这种不建立缓冲机制的一刀切做法明显不是负责任的举措，使得资金互助社丧失了救助保障。

5.2.4 商业性金融

农村商业性金融是指在农村地区提供的、以盈利为目的的金融服务。主要有国有商业银行在农村的分支机构、由农村信用社改制的农村商业银行和农村合作银行、股份制商业银行与城市商业银行、村镇银行、非银行金融机构、互联网金融机构等。

5.2.4.1 国有商业银行

国有商业银行在我国农村金融中占据着举足轻重的地位，它们不仅是银行业支持"三农"和小微企业的主力军，而且是构建多层次、广覆盖、有差异的金融机构体系的关键力量。国有商业银行在农村金融中发挥着至关重要的作用，通过坚守服务"三农"和小微企业的市场定位，优化公司治理结构，提升金融服务效率和质量，以及合理调整涉农贷款在贷款总额中的占比，有效地支持了农业和农村的发展。

在提升服务匹配度和有效性方面，国有商业银行科学测算"三农"和小微企业信贷增长年度目标，确保这两类贷款增速和占各项贷款比例稳中有升。此外，它们还改进和创新金融服务方式，顺应县域经济社会发展变化和信息科技发展趋势，提升电子交易替代率，合理推动贷款和续贷审批机制改革，有效整合业务受理、身份核实、资料核签等业务环节，提升服务效率。

在涉农贷款占比方面，国有大型银行发挥了"头雁效应"。截至2022年末，农业银行、工商银行、建设银行、中国银行、邮储银行、交通银行六家大行涉农贷款合计金额约16.51万亿元，见表5-2和表5-3。

在六大国有商业银行中，中国农业银行和邮政储蓄银行在农村金融中的地位与作用较为突出，在农村金融中扮演着至关重要的角色。

中国农业银行在推动农村经济发展和支持农业现代化方面，持续加大县域资源投入，加快改革创新，提供了一系列针对农村地区的金融产品和服务。例如，农业银行出台宜居宜业和美乡村建设服务方案，加大对村庄整体改造、农村生活污水垃圾处理、农村道路畅通工程等重点项目的支持力度。此外，农业银行还围绕"双碳"目标，服务黄河流域生态保护和高质量发展、长江大保护等重大生态战略，支持农业绿色全产业链发展，助推县域产业低碳转型升级。在巩固拓展脱贫攻坚成果方面，农业银行依托惠农 e 贷、惠农网贷、"富民贷"等农户专属贷款产品，支持广大农民发展生产、增收致富。聚焦国家乡村振兴重点帮扶县、脱贫县、易地搬迁集中安置点等重点区域，加大产业发展与民生工程金融服务力度，助力脱贫地区增强内生发展动力。此外，农业银行还不断优化"年度+区域+行业"的涉农信贷政策体系，推出安粮贷、农担贷、国家储备林贷、惠农网贷等重点产品。通过这些举措，农业银行在农村金融中的作用不断凸显，为农业农村发展贡献了重要力量。截至 2023 年末，农业银行总贷款余额为 22.6 万亿元人民币，较上年末增加 2.84 万亿元，其中涉农贷款余额为 6.55 万亿元人民币，较上年末增加 1.02 万亿元。

表 5-2 国有商业银行 2022 年末涉农贷款统计表

涉农贷款占比排名	行名	涉农贷款 2022 年末余额/亿元	较 2021 年末增加额/亿元	增速/%	增速排名
1	农业银行	55 306.00	7736.00	16.26	5
2	工农银行	33 001.96	6489.76	24.50	1
3	建设银行	30 045.26	5387.08	21.85	3
4	中国银行	20 748.00	3340.00	19.55	4
5	邮储银行	18 100.00	2000.00	12.42	6
6	交通银行	7890.29	1431.00	22.15	2
合计		165 091.51	26 383.84		

数据来源：面包财经。

2022 年的数据显示，农业银行在涉农贷款领域保持领先地位，年末涉农贷款余额达到约 5.53 万亿元，远超其他国有银行。紧随其后的是工商银行和建设银行，它们的涉农贷款余额均超过 3 万亿元。相比之下，交通银行的涉农贷款规模较小，年末余额为 7890.29 亿元。与 2021 年末相比，各大国有银行的涉农贷款余额均有所增长。特别是工商银行、交通银行和建设银行的增长速度较快，年增长均超过 20%。而邮储银行的增长速度则相对较慢，年增长率为 12.42%。

表 5-3 国有商业银行 2022 年末涉农贷款占比情况统计表

涉农贷款占比排名	行名	涉农贷款在总贷款中占比/%	2021 年末占比/%	占比变动（百分点）
1	农业银行	28.04	27.76	0.28
2	邮储银行	25.10	24.95	0.15
3	工商银行	14.22	12.88	1.34
4	建设银行	14.21	13.16	1.05
5	中国银行	11.85	11.11	0.74
6	交通银行	10.81	9.98	0.83

数据来源：面包财经。

观察占比的变化情况，可以发现国有银行的涉农贷款在其总贷款中所占的比重普遍有所增加。其中，工商银行的表现尤为突出，其 2022 年的涉农贷款占比相较前一年增加了 1.34 个百分点，增长幅度位居首位。紧随其后的是建设银行，其涉农贷款的占比在年末相比上一年提高了 1.05 个百分点。

邮政储蓄银行利用遍布乡村的邮政网络，提供储蓄、汇兑等基础金融服务，同时也在逐步推出针对农村市场的贷款产品，在农村金融中的地位与作用显著。邮政储蓄银行坚持服务"三农"、城乡居民和中小企业的定位，通过提供专业化的金融服务，支持农业发展和农村振兴。邮储银行通过推进"信用村"建设，改善了农村信用环境，提升了农户的信贷服务体验，为农户提供了小额度、广覆盖、纯信用的授信服务；利用大数据、云计算、区块链等新技术，推动"三农"金融数字化转型，提升了服务效率和风险管理能力；

构建了线上交易服务平台,与线下网点相结合,形成了一体化的服务网络,为农村居民提供全方位、多层次的金融服务;与中国邮政整合优势,协同推进商流、物流、资金流"三流合一",有效解决了农村地区的这些难题;发展扶贫小额信贷业务,支持建档立卡贫困户、已脱贫享受政策人口、边缘人口发展生产,满足了普惠金融小额资金需求。2023年末,邮储银行客户贷款总额达到8.02万亿元人民币,较上年末增长11.23%。涉农贷款余额为2.11万亿元人民币,较上年末增加2984.46亿元人民币。

涉农贷款有助于国有商业银行履行社会责任,支持农业发展和农村经济增长,提升其社会形象,同时也为国有商业银行提供了新的业务增长点,有助于其开拓农村市场,增加客户基础。国有商业银行在农村金融中的履职情况整体上是积极的,它们在支持农业发展和农村振兴方面发挥了重要作用。它们通过提供多样化的金融产品和服务,有效地满足了农村地区的金融需求,促进了农村经济的发展和现代化。在涉农贷款方面,国有商业银行不断增加贷款投放,扩大了农村金融服务的覆盖面和可获得性。例如,农业银行的涉农贷款余额较高,遥遥领先于其他国有银行。此外,工商银行和建设银行在农村金融中的投入也较为显著,涉农贷款余额均超过3万亿元。国有商业银行还通过与政府部门的合作,签订战略合作协议,共同推动金融服务乡村振兴高质量发展。

然而,农业贷款通常面临较高的自然风险和市场风险,对银行的风险管理能力提出了更高要求。国有商业银行在涉农贷款履职中需要平衡社会责任与商业利益,关注风险管理,提高资金使用效率,并推动技术创新,以支持农村金融的健康发展和乡村振兴的全面推进。涉农贷款往往依赖于政府的政策支持和补贴,这可能导致国有商业银行在一定程度上对政策变动敏感。涉农贷款的增加可能促使银行调整信贷结构,优化资产配置,以适应农业和农村市场的需求。由于农业项目的特殊性,涉农贷款的盈利能力可能低于其他类型的贷款,影响银行的整体盈利水平。

国有商业银行目前作为农村金融的骨干力量,涉农贷款指标的考核将会对农村金融、乡村振兴的可持续发展带来隐忧:

（1）过度依赖政策。如果涉农贷款过度依赖政府政策和补贴，可能会削弱市场机制的作用，不利于农村金融市场的长期健康发展。

（2）风险控制不足。农业项目的风险较高，如果银行在风险评估和控制方面做得不够，可能会导致不良贷款的增加。

（3）资金使用效率。涉农贷款资金的使用效率和透明度是关键问题，不当的资金使用可能会影响贷款的实际效果。

（4）农村金融服务不平衡。涉农贷款可能集中在某些地区或项目，导致农村金融服务的不平衡，不利于乡村振兴的全面推进。

（5）环境和生态影响。一些涉农贷款项目可能对环境和生态造成负面影响，这与可持续发展的目标相悖。

（6）技术和创新不足。如果国有商业银行在涉农贷款服务中缺乏技术和创新，可能无法满足现代农业发展的需求。

（7）长期可持续性问题。涉农贷款需要考虑长期的可持续性，包括贷款的回收、项目的持续盈利能力以及对农村社区的长期影响。

5.2.4.2 农村商业银行和农村合作银行

不可否认，原农村信用社系统由于植根于广大农村，其在农村金融的地位不可撼动，截至2022年末，农村商业银行涉农贷款余额11.6万亿元，农村信用社系统涉农贷款占其全部贷款的比重为55%。

农村商业银行是由农村信用社改制而来，具有独立法人资格的商业银行，主要为农村地区提供存款、贷款、结算等传统银行业务，同时也在逐步拓展中间业务和电子银行业务。农村合作银行是由农村信用社联合组建，是尚未满足农村商业银行条件的过渡性质的机构。二者通过制定和实施针对农村、农业和农民的金融产品和服务，如小额信贷、农业保险、供应链金融等，有效地支持了农业生产和农村基础设施建设，助力农民增收和农业现代化。

农村信用社的商业化改造也对"三农"带来复杂且深远的影响。一方面，商业化改造使得农村信用社能够更好地适应市场经济的要求，提高了资金的使用效率和风险管理能力，增强了自身的竞争力。这有助于农村信用社吸引更多的资金流入农村地区，为农业和农村发展提供更加充足的金融资源。另一方面，农村信用社的商业化改造也带来了一些问题。例如，改造过程中可能出现的产权不明确、内部治理结构不完善等问题，可能导致农村信用社偏离其服务"三农"的初衷，从而影响到农村金融服务的质量和覆盖面。

此外，商业化改造可能导致农村信用社更加注重追求利润，从而忽视了对小规模农户和贫困地区的服务，加剧了金融服务的不均衡性。总体而言，农村商业银行和农村合作银行的成立，较原农村信用社而言一定程度上弱化了农村金融的功能。

5.2.4.3 股份制商业银行与城市商业银行

股份制商业银行与城市商业银行在城区的广泛分布，以及它们在农村金融业务方面的相对缺乏，构成了它们在乡村振兴政策实施中的独特角色和挑战。股份制商业银行与城市商业银行承担涉农贷款和普惠贷款指标，虽然有助于提升这些银行的品牌形象，增强其在社会责任方面的表现，但对它们的不利影响却不容忽视：

（1）业务拓展压力。涉农贷款指标为这些银行带来了业务拓展的压力，迫使它们必须调整战略，增加对农村市场的投入。

（2）风险管理挑战。由于农村金融业务的特殊性，这些银行需要建立或优化风险评估和管理体系，以应对农业贷款的高风险。

（3）资本运作创新。为了满足涉农贷款指标，一些银行通过发行专项金融债券等方式筹集资金，这要求它们在资本运作上进行创新。

（4）信贷结构调整。涉农贷款指标促使这些银行调整信贷结构，可能需要在传统的城市业务和新兴的农村业务之间找到平衡。

（5）盈利模式探索。由于涉农贷款的盈利能力可能低于其他业务，这些银行需要探索新的盈利模式，以确保业务的可持续性。

股份制商业银行和城市商业银行在响应涉农贷款指标的过程中，不仅面临业务拓展和盈利模式的挑战，也承担着提升服务质量和风险管理能力的责任，同时还需要从诸多方面进行深入思考和规划，并由此对农村金融发展和乡村振兴带来隐忧：

（1）资源分配不均。虽然股份制商业银行和城市商业银行的涉农贷款总量有所增加,但与国有商业银行相比仍有较大差距,可能导致农村金融资源分配不均。

(2)服务质量问题。由于这些银行在农村市场的业务经验相对较少,可能存在服务质量和效率不足的问题。

(3)市场适应性问题。股份制商业银行和城市商业银行可能需要时间来适应农村市场的特点和需求,这可能影响贷款的及时性和有效性。

(4)风险控制隐忧。如果这些银行在风险控制方面准备不足,可能会面临较高的不良贷款率,影响其在农村市场的长期发展。

(5)政策依赖性。涉农贷款指标可能导致这些银行过度依赖政策导向,忽视市场机制的作用,不利于农村金融市场的健康发展。

(6)可持续发展挑战。涉农贷款的长期可持续性是一个重要问题,需要这些银行在贷款回收、项目盈利能力以及对农村社区的长期影响等方面进行深入考虑。

5.2.4.4 村镇银行、贷款公司与小额贷款公司

2006年底,金融监管部门放宽了农村地区银行业金融机构准入政策,试点设立了村镇银行、农村资金互助社和贷款公司。农村资金互助社作为农村合作金融组织前文已作了详细论述。村镇银行和贷款公司主要在区县以下层面提供金融服务,由民间资本发起设立,专注于服务当地农村经济发展,提供小额贷款、储蓄、转账等业务。作为定位于"服务县域、支农支小"的金融机构,二者通过配置金融资源和扶贫资金,通过电子渠道覆盖广泛的乡村地区,打造农村金融生态圈,满足弱势群体的金融服务需求。小额贷款公司要坚持"小额、分散"的原则,国家鼓励小额贷款公司面向农户和微型企业提供新贷款服务。

上述三种机构规模较小,在农村金融只起到有限的补充作用。截至2022年末,全国共有村镇银行1 645家,县域覆盖率达68%,资产规模2.2万亿元,贷款90%投向农户和小微企业;贷款公司只有4家,资产总额只有4.5亿元。小额贷款公司5 958家,贷款余额9 086亿元。总体而言,上述三类金融是支农支小的补充力量。

5.2.4.5 非正规金融机构

非正规金融机构包括农村合作基金、民间借贷机构等，这些机构在正规金融服务覆盖不到的地区，通过创新金融产品和服务，如移动金融和互联网金融，提高了农村金融服务的覆盖率、便利性和可及性，推动了金融知识的普及和农民金融意识的提升，为农村地区提供了传统银行之外的金融服务，满足了农户和小微企业多样化的金融需求，尤其在支持高标准农田建设、农业科技创新、农业农村基础设施建设等领域发挥了重要作用。

上述非银行金融机构不仅补充了农村金融服务的不足，还通过金融创新促进了金融服务的普及和农村经济的发展，虽然总体规模不大，但对在正规金融机构不能融资的群体来说，所起的作用不容小觑。

5.2.4.6 互联网金融机构

随着科技的发展，一些互联网金融公司也开始涉足农村市场，通过网络平台提供贷款、支付、保险等金融服务，为农村地区提供更加便捷的金融服务，降低了农民获取金融服务的门槛；利用大数据、云计算、人工智能等先进技术，推动农村金融产品和服务的创新，满足农村地区多样化的金融需求；通过网络平台，连接城市和农村的资金流，为农村地区引入更多的资金，支持农业和小微企业的发展；通过信用评估和风险管理技术，帮助完善农村信用体系，提高农户和农业经营主体的信用水平，从而获得更多的金融支持。

互联网金融机构的介入有助于推动农村地区的信息化建设，提高农村居民的数字素养，为乡村振兴提供信息化支撑。

5.3 农村金融"三驾马车"的职能调整

5.3.1 农村金融供给要与"三农"的需求相适应

"三农"问题是农村经济发展的核心。构建一个与"三农"需求相适应的农村金融体系，对于促进农业现代化、农村繁荣和农民增收具有重要意义。

对于农村的金融需求,现从"三农"的角度再进行细分:

(1) 农业层面的金融需求

农业层面的金融需求主要涉及农村企业,特别是乡镇企业和农业产业化龙头企业。这些企业在促进农村经济多元化、吸纳农村剩余劳动力方面发挥着关键作用。针对不同发展阶段的企业,金融支持策略应有所区别:

对于初创企业:对于处于起步阶段、资金相对匮乏的企业,政策性金融机构应发挥扶持作用,提供低利率或无息贷款,帮助其成长。

对于成熟企业:对于已经形成规模、具备一定市场竞争力的企业,应通过商业性金融机构提供融资服务,以支持其进一步扩大生产规模和提升市场竞争力。

(2) 农村层面的金融需求

农村层面的金融需求主要集中于基础设施建设和公共服务提供。政府作为主要融资主体,需要大量资金投入以改善农村基础设施,如道路、水电、医疗和教育设施。政策性金融机构在这一领域发挥着至关重要的作用,通过提供资金支持,促进农村基础设施的完善和公共服务的提升。

(3) 农民层面的金融需求

农民层面的金融需求多样化,涉及个体农户的日常生活和生产经营活动。根据农民收入水平和金融需求的不同,可以划分为以下三个层次:

贫困农民:对于收入较低的贫困农民,政策性金融机构应提供低利率或无息的小额贷款,以减轻其财务负担,并通过小额信贷互助组织等平台,将资金有效用于扶贫项目。

一般收入农民:对于收入水平一般的农民,应通过农村信用社等合作金融机构提供信用贷款,满足其日常生活和生产经营的资金需求。

市场型农民:对于从事市场化经营活动的农民,商业性金融机构应提供相应的贷款服务,同时建立完善的贷款规则,以降低贷款门槛,满足其金融需求。

基于农业、农村、农民三个层面的差异化金融需求,可以构建一个以"政策性—商业性—合作性"金融为主线的多层次农村金融体系。这一体系旨在实现市场配置与政府调节的有机结合,为"三农"问题提供全面、有效的金融支持。如图 5-8 所示。

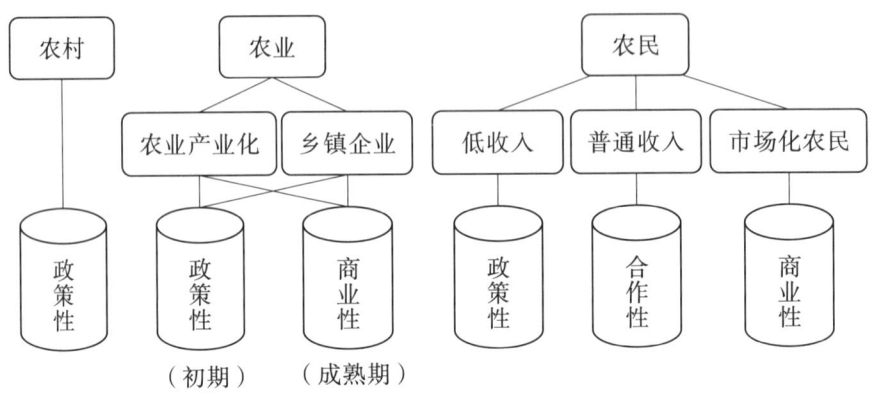

图 5-8 "三农"与各类农村金融的对应关系

来源:杜婕,万宣辰. 构建我国多层次农村金融体系的路径选择 [J]. 东北师大学报(哲学社会科学版),2016 (03).

5.3.2 农村金融体系调整的原则

在构建农村金融体系的过程中,我们认识到政策性金融、商业性金融与合作性金融是推动农业现代化和农村繁荣的三大支柱。这"三驾马车"各自承担着不同的角色和功能,相互补充、相互促进,共同构成了一个多元化、多层次、互补性强的金融服务网络。为建立与乡村振兴相称、更有效率的农村金融体系,需对现有农村金融机构的职能进行调整,现提出以下调整原则:

(1) 政策性金融的引领作用。政策性金融应发挥其在引导资金流向、支持农村基础设施建设、提供优惠贷款等方面的基础作用,确保农村金融体系服务于国家宏观调控和农业农村发展的战略目标。

(2) 商业性金融的效率优势。商业性金融机构应利用其市场运作的灵活性和效率,为农村地区提供多样化的金融产品和服务,满足不同层次的金融需求,特别是在支持农业产业化和市场化方面发挥关键作用。

(3) 合作性金融的社区基础。合作性金融机构应依托社区内部的互助合作精神,提供贴近农民需求的金融服务,增强农民的金融参与度和满意度,特别是在小额信贷和社区发展项目中发挥重要作用。

(4)业务互补与协同发展。确保政策性金融、商业性金融与合作性金融之间业务互补,形成协同效应,共同推动农村金融体系的全面发展。

(5)风险分担与合作机制。建立风险共担机制,通过三类金融机构的合作,分散和降低农村金融服务中的风险。

(6)信息共享与资源整合。促进三类金融机构之间的信息共享和资源整合,提高金融服务的精准度和效率。

(7)创新驱动与产品多样化。鼓励三类金融机构在产品创新、服务模式创新等方面进行合作,共同开发适应农村市场需求的金融产品和服务。

通过这些原则的实施,可以确保农村金融体系更加全面、均衡地发展,更好地服务于农业、农村和农民,促进农村经济的全面发展和农民的持续增收。

5.3.3 政策性金融机构的职能拓展与业务调整

5.3.3.1 农业政策性金融机构

中国农业发展银行(ADBC)作为专注于"三农"问题的政策性银行,其主要职责是支持农业和农村发展,促进乡村振兴。然而,随着金融市场的发展和变化,政策性银行的业务范围和经营目标也在不断调整。在这一过程中,确保政策性银行坚守其政策性定位,发挥其应有的作用,对于实现乡村振兴战略具有重要意义。但在乡村振兴的背景下,ADBC的现有职能与业务范围与其承担的使命地位并不相称,调整职能和业务范围势在必行。

(1)支持农村小型金融机构发展

乡村振兴需要新增巨额的贷款投入,而农村合作金融、村镇银行与农村小额贷款公司等小型农村金融机构往往因缺少稳定的、低成本的资金来源使得贷款投入规模受到限制。为农村金融机构提供运营资金,国外已有成功的先例,如美国农业金融局(FSA),通过向投资者发行债券,为美国农户提供了大量的低成本贷款,有效支持了美国农业的发展;欧洲农村发展基金(EAFRD),向欧盟成员国提供财政支持,用于发展农村经济,其中包括向农村金融机构提供贷款资金。在我国,ADBC 有筹资的便利,可考虑发行"政策性金融乡村振兴专项债券",为小型农村金融机构补充流动资金。发行此债券,可以预见但不限于以下几种考虑:

第一,明确专项债券的发行目标和资金用途。乡村振兴专项债券的发行应聚焦于支持农业农村现代化的关键领域,如农业生产基础设施建设、农业科技创新、农产品加工和流通体系建设、农村生态环境保护和改善等。通过明确资金投向,可以提高债券的吸引力,吸引更多投资者参与。

第二,建立健全风险评估和管理体系。在债券发行前,应对项目的可行性、市场前景、预期收益等进行全面评估,确保资金的安全性和收益性。同时,应建立一套完善的风险管理机制,对资金的使用进行严格监督,确保资金按照既定目标和用途使用,防止资金挪用和风险积累。

第三,与各类小型农村金融机构建立合作机制。通过转贷、合作贷款等方式,将专项债券筹集到的资金有效传递到这些机构,进而支持农村地区的小微企业和农户。此外,ADBC 还可以通过提供担保、风险补偿等措施,降低小型金融机构的信贷风险,激励它们扩大对农村地区的信贷投放。

第四,制定明确的项目筛选标准和支持政策。可以通过建立项目库,对申报的项目进行评估和筛选,优先支持那些能够带动农村经济发展、改善农民生活条件的项目。同时,应根据项目的具体情况,提供差异化的金融支持,如长期低息贷款、短期周转贷款等,以满足不同类型项目的资金需求。

第五,对资金使用情况的监管和激励。ADBC 应建立一套完善的资金监管体系,对资金的使用情况进行定期检查和评估,确保资金真正用于乡村振兴。对于使用效率高、带动效果好的项目和机构,可以给予一定的激励措施,如税收优惠、财政补贴、信贷支持等,以鼓励更多的资金投向乡村振兴领域。

第六,专项债券发行和资金使用的信息公开程度。ADBC 应通过公开透明的方式,向社会公布专项债券的发行情况、资金投向、项目进展等信息,接受社会监督。这不仅有助于提高农发行的公信力,也有助于吸引更多的投资者参与债券发行,提高债券的市场化水平。

第七,不断探索和创新金融服务模式。可以借鉴国外农业信贷机构的经验,如美国的农业信贷体系,通过提供多样化的金融产品和服务,满足农村地区多样化的金融需求。同时,ADBC还可以利用现代信息技术,如大数据、云计算等,提高金融服务的效率和质量,推动农村金融的创新发展。

通过上述举措的实施,ADBC能够有效地利用乡村振兴专项债券这一工具,为农村地区的经济发展和社会进步提供有力的资金支持。这不仅有助于实现乡村振兴战略目标,也将推动我国农业农村现代化进程,促进城乡融合发展,实现农业强、农村美、农民富的目标。

(2)剥离与商业银行竞争的商业性业务

政策性银行的设立,其根本目的在于补充商业银行在特定领域的服务不足,通过提供低成本资金来支持国家战略目标的实现。这些银行通常承担着推动社会经济发展和实现公共利益的重要任务,它们在金融体系中扮演着特殊的角色。

与此相对,商业银行以追求盈利和最大化经济效益为核心目标。它们在市场中的运作以盈利为目的,通过提供各种金融服务来满足客户需求,同时实现自身的盈利目标。

政策性银行在业务开展上应该避免与商业银行的直接竞争,专注于那些商业银行由于风险、成本或其他原因不愿意或无法进入的领域。这些领域可能包括农业、基础设施建设、环境保护、教育和医疗等,这些通常被视为公共利益领域,需要政策性银行的支持来实现国家长远发展的战略目标。

然而,在实践中,政策性银行的业务范围并非固定不变。随着社会经济的发展和金融市场的变化,一些原本由政策性银行主导的业务领域可能逐渐达到商业银行的融资标准,吸引商业银行的参与。这种变化可能导致政策性银行与商业银行之间出现竞争。

在这种竞争中,政策性银行由于其特殊的资金成本优势,可能会在某些业务领域占据优势地位。这种优势可能会对商业银行的业务造成挤压,影响其盈利能力和市场地位。

为了维护金融市场的健康发展和商业银行的利益，政策性银行在面对与商业银行的竞争时，应当采取灵活的策略，进行业务的动态调整。例如，在粮食、油料、棉花等农产品的收购与调销等短期融资业务中，如果商业银行愿意并且能够提供相应的金融服务，ADBC 就应该考虑主动退出这些领域，将资源和精力集中在那些更需要政策性支持的领域。

这种动态调整不仅有助于 ADBC 与商业银行之间的不必要竞争，而且能够确保政策性银行的资源得到更有效的利用，更好地服务于国家的战略目标和社会公共利益。同时，也为商业银行提供了更多的市场机会，促进了金融市场的多元化和竞争性。

（3）扩展业务范围

ADBC 作为政策性金融机构，在剥离商业性业务后，面临着如何更好地服务乡村振兴的挑战。为了适应乡村振兴战略的需要，ADBC 应当对其业务范围进行拓展和调整。

首先，ADBC 可以考虑对于通过服务"三农"业务实现的盈余拿出一部分资金设立"孵化基金"，以支持乡村企业的初始阶段发展。这一措施可以借鉴国家开发银行等金融机构的成功经验。通过与地方政府签订合作协议，ADBC 可以采用联合出资、担保和保险同时参与的方式，以确保资金的安全和有效利用。孵化基金的设立将有助于激发乡村企业的创新活力，促进乡村经济的多元化发展。

其次，ADBC 应当承担起管理"三农"扶贫贷款的责任。目前，农业银行、国家开发银行等金融机构已经开展了"三农"扶贫贷款业务。为了明确政策性银行与商业银行的政策性业务边界，ADBC 可以统一管理这些贷款业务，并委托农村金融机构或有资金融通业务联系的农村小型金融机构进行具体办理。这将有助于提高扶贫贷款的效率和效果，确保扶贫资金能够精准投放到需要的领域。

此外，ADBC 还应当理清与其他政策性银行之间的业务归属关系。通过明确各自的业务领域和职责，可以避免政策性银行之间的业务重叠和竞争，形成协同效应，共同推动乡村振兴战略的实施。

同时，ADBC还应当加强与政府、企业和其他金融机构的合作。通过建立多方合作机制，可以形成政策性金融、商业性金融和合作性金融的有机结合，共同为乡村振兴提供全方位的金融支持。

当然，增加扶贫贷款规模的同时，ADBC需要更加有力的措施来有效控制贷款风险，比如建立风险偏好管理体系、强化风险评估和监测、建立内部控制体系、强化贷后管理、进行风险补偿和压力测试等，在此不再展开论述。

ADBC在剥离商业性业务后，将更加专注于其政策性金融机构的定位。通过发挥政策性金融的优势，ADBC将为农村小型金融机构提供必要的营运资金支持，帮助它们增强服务能力，扩大服务范围。同时，ADBC拓展其业务领域，更好地适应乡村振兴战略的需要，更加聚焦于"三农"发展。通过这些措施，ADBC将在农村金融体系中发挥主力军的作用，真正成为"建设新农村的银行"，其宣传语将不再只是口号。

5.3.3.2 其他政策性金融机构

随着时代的发展和国家战略的调整，政策性金融机构如国家开发银行（国开行）和中国进出口银行（进出口银行）在服务"三农"业务方面也需要进行相应的调整和优化。

第一，国开行和进出口银行作为具有融资便利的政策性金融机构，可以适度发行乡村振兴政策性金融专项债券。这一举措旨在为这两家机构自身主责主业范围内的乡村振兴业务提供资金支持，同时也为ADBC等其他政策性银行的资金需求提供补充。通过专项债券的发行，可以吸引更多的社会资本投入到乡村振兴中，为农业农村现代化注入新的活力。

第二，国开行和进出口银行在开展"三农"业务时，也应遵循不与商业银行竞争的原则。这意味着这两家机构需要在"三农"领域动态调整自己的业务范围，专注于那些商业银行不愿意或无法进入的领域，如基础设施建设、农业科技创新等。通过这种方式，可以避免与商业银行的直接竞争，形成互补的金融服务体系。

第三，关于涉农贷款业务，国开行和进出口银行不应承担指令性考核指标。这一建议旨在避免这两家机构对涉农贷款业务进行过度宣传，从而保持其政策性金融机构的本质。同时，可以将这两家机构的涉农业务作为社会责任的一部分进行管理，将其视为社会责任表现的加分项，以鼓励它们更好地履行社会责任。

第四，作为政策性银行，国开行和进出口银行的主要目的不应是盈利，对于通过服务"三农"业务实现的盈余，应像 ADBC 一样，这两家机构可以考虑拿出一部分资金纳入乡村振兴的"孵化基金"，以支持乡村企业的初始阶段发展，夯实农村企业发展的基础，提升乡村振兴的潜力。

5.3.4 现存农村合作金融组织的整合与体系重建

我国的农村信用社自成立之初便承担着服务"三农"的重要使命，然而随着时间的推移，其运行模式逐渐走向商业化，出现了与初衷背离的异化现象。其中的原因是多方面的，但有两个原因不可忽视：一是缺乏有效的组织架构和系统保障，特别是金字塔型的总分结构未能建立起来，导致省级联社在实际运行中未能发挥应有的作用，反而成为信用社发展的障碍；二是运行机制受到严重干扰，一直处在变化之中，逐步丢失了合作精神。值得庆幸的是，农村信用社的异化，换来了新型农村合作金融组织的新生，尽管发展遇到重重障碍，运作也欠规范，但合作金融之火还没有完全熄灭，其发展壮大仍有希望。在总结近 20 年的实践经验和教训的基础上，急需寻找一条资金互助社的救赎策略，以实现其可持续发展。总体来说，应建立"一个框架、两种结构、三个层次、五种机制"构架：

"一个框架"就是建立金字塔型的总分结构，为其稳定运行提供系统保障。

"二种结构"指的是资金来源的多元化，既包括政府的支持，也包括市场（农户）的融资，确保合作金融组织的稳定性和可持续性。

"三个层次"则是指众多的基层农合、县级农合和省级农合，每个层次都有其独特的职能和作用，共同构成一个完整的服务网络。在我国，新型合作组织以省为单位，便于省内横向对接。

在这一架构下，基层农合作为最贴近农民的金融机构，应发挥其地缘优势，提供小额贷款、储蓄、转账等基础金融服务，同时收集和反馈农民的金融需求和信用信息。县农合则作为连接基层农协和省农合的桥梁，负责资金的调配、风险的分散和金融产品的创新。

为了确保这一架构的有效运行，还需要建立完善的风险管理和内部控制机制。例如，可以借鉴日本的信用担保制度和信用保证保险制度，为借款人提供担保责任，降低代位偿还风险。同时，还需要建立存款保险制度和共济互助保险服务，以减少农业经营和农民生活的损失。此外，还需要加大合作金融组织的法规建设和监管力度，确保合作金融组织的非营利性和服务"三农"的宗旨。同时，通过培训和教育，提高农民的金融知识和信用意识，促进农村金融市场的健康发展。

通过建立金字塔型的总分结构，不仅可以提高农村金融服务的覆盖面和效率，还可以有效地分散和管理风险，促进农村经济的稳定和发展。同时，也需要不断总结经验，完善制度，确保合作金融组织始终沿着服务"三农"的正确轨道运行。

在我国新型农村合作金融组织的"二种结构、三个层次"框架下，针对新型农村合作金融组织的现状和发展需求，应当建立和完善以下五种机制，以促进其稳定和良性运行，更好地服务于"三农"工作，推动乡村振兴战略的实施。

（1）法律保障机制。针对我国农村信用社异化的根本原因，即法律保障的不足，应当从立法层面加强对资金互助社的支持和保护。目前，《中华人民共和国农民专业合作社法》虽然已经出台，但其内容并不直接涉及资金互助社，且资金互助社的种类繁多，与专业合作社存在差异。因此，建议制定和颁布专门的合作金融法律，为资金互助社提供明确的法律地位和保障，确保其合法权益不受侵害，同时鼓励和引导资金互助社健康有序发展。

（2）审批服务机制。资金互助社的发展困境与审批服务机制的不完善有着直接的联系。面对遍布全国的资金互助社，需要建立一套高效的审批、监管和服务体系，减少人力、物力和时间成本。相关部门应承担起责任，提供包括从业人员培训、优惠政策落实、协调各方关系等全方位服务，确保政策的有效执行和资金互助社的顺畅运营。

（3）规范运行机制。目前，资金互助社缺乏统一的运行规范，经营管理经验不足。为了降低试错成本，提高生存和运营能力，应建立统一的运行框架，涵盖资金筹集、使用、互助社间联合、与其他金融机构合作等方面。这一框架应提供多样化的运营方案，为资金互助社创造良好的发展环境，同时考虑到不同类型资金互助社的特点，制定具有指导性的运行模式，确保其能够有效适应市场变化和农村发展需求。

（4）信息沟通机制。资金互助社在运营中可能面临资金筹集、运用、内部管理、外部风险等问题。为了解决这些问题，需要克服信息不对称的障碍。审批服务部门应与资金互助社建立互动平台，及时掌握其经营动态和运行质量，帮助其解决困难。在建立信息沟通机制时，应注重尊重资金互助社的自律运行模式，防止过度行政干预，同时鼓励资金互助社之间的信息共享和经验交流，提高整个行业的透明度和效率。

（5）风险管控机制。鉴于资金互助社规模较小、抗风险能力较弱的特点，建立风险预警和处置机制至关重要。监管部门应制定针对资金互助社的审慎政策框架，利用信息沟通平台提高风险监测、评估与预警能力，并完善风险处置机制，建立缓冲区和救助机制，增强其风险抵御能力。此外，还应加强对资金互助社的风险教育和培训，提高其风险管理意识和能力。

5.3.5 商业性金融机构涉农业务的引导与规范

5.3.5.1 印度强制其商业银行在农村地区设立网点的教训

印度在推动农村金融发展方面采取了一系列措施，其中包括强制商业银行在农村地区设立网点的政策。这一政策的实施，旨在扩大金融服务的覆盖范围，提高农村地区的金融包容性，从而促进农村经济的发展。然而，这一政策也带来了一些负面影响，尤其是在商业银行的竞争力方面。

印度政府为了解决农村地区金融服务不足的问题，通过立法手段，要求商业银行在农村地区设立分支机构,实施"领头银行"计划、简化贷款条件等措施。这一政策始于20世纪60年代,当时印度储备银行(RBI)对商业银行实行国有化改造,并要求每家商业银行至少要在其所在地区的农村开设一家分支机构。具体来说,这些政策要求商业银行必须在农村地区设立一定数量的分支机构,并将一定比例的贷款用于支持农业和农村发展。例如《银行国有化法案》规定,商业银行必须在农村地区设立分支机构,并且在城市开设一家分支机构的同时,必须在边远地区开设2~3家分支机构。此外,印度储备银行还确定了"优先发展行业贷款"制度,要求商业银行必须将全部贷款的40%投向包括农业、中小企业、出口等国家优先发展行业,其中贷款的18%必须投向农业及农业相关产业。

这一政策的推行与实施,使得印度商业银行向农村提供金融服务的机构网点数量大大增加,银行贷款中农村地区的贷款份额也得到了提升。数据显示,自1969—2005年,印度农村地区银行分支机构的数量增加了9倍,达到了47 369个。同时,银行贷款中农村地区的贷款份额也得到了显著提升,从1969年的不足3%提高到2005年的12%左右。每个商业银行所担负金融服务的农村人口数量也相应大大减少,从1969年的84 000人减少到2005年的17 000人。

印度的政策在一定程度上提高了农村地区的金融覆盖率,使得更多的农村居民能够接触到金融服务。然而,这一政策也带来了一些负面影响。一方面,商业银行在农村地区的运营成本较高,而农村市场的盈利能力相对较低,导致商业银行在农村地区的竞争力下降。另一方面,由于农村地区的金融需求和风险特点与城市地区存在差异,商业银行在产品设计和风险管理方面面临挑战,这也影响了其在农村地区的表现。

印度的教训告诉我们,强制性的政策虽然能够在短期内提高农村金融服务的覆盖率,但也可能对商业银行的竞争力产生负面影响。我国在推动商业银行服务"三农"的过程中,应当充分考虑到商业银行的经营特点和风险管理能力,避免简单地通过指标考核来推动业务发展。

5.3.5.2 商业性金融涉农业务的调整

在当前经济形势下,我国商业银行的涉农业务和考核指标的调整显得尤为重要。深入分析国内外的经验教训，为了适应新的经济形势，商业银行的涉农业务策略必须不断优化和调整。本书提出的"区别对待"的调整思路，旨在实现农村金融服务的优化，防止农村资金的无序外流，同时确保商业银行能够根据自身特点和市场定位发挥其应有的作用。

（1）有机构网点的商业银行保持涉农贷款比例

对于在农村地区设有机构网点的商业银行，如农业银行、邮储银行、农村商业银行、农村合作银行、村镇银行等，应下达保持涉农贷款比例的指标。这些机构由于其广泛的农村网点布局，与农村客户建立了深厚的联系，对农村地区的经济发展有着直接的影响。规定这些机构必须保持涉农贷款在总贷款中的一定比例，有助于确保农村地区能够持续获得必要的金融支持，促进农村经济的稳定增长。

监管部门可以设定具体的涉农贷款比例要求，并定期对这些银行的执行情况进行审查。这不仅有助于保障农村金融服务的连续性，还能够通过监管手段确保商业银行履行其社会责任。国有银行作为国家金融体系的重要组成部分，应承担更多的社会责任，通过社会责任报告等方式向社会公布其在农村金融服务方面的贡献和成效，接受社会监督，增强其在农村金融服务中的透明度和公信力。

（2）无机构网点的商业银行不承担涉农贷款指标

对于那些在农村地区没有机构网点的商业银行，不应强制其承担涉农贷款指标。这些银行可以根据自身发展战略和市场需求，自主决定是否开展涉农业务。政府和监管部门应为这些机构提供必要的政策支持和市场环境，鼓励其积极参与农村金融市场，但同时也要尊重其商业自主权，避免"一刀切"的政策导向。

（3）其他商业性金融机构的自主决策

对于其他类型的商业性金融机构，应允许其根据市场需求和自身发展战略自主决定涉农业务的规模和方向。这些机构应成为真正的市场主体，通过市场竞争和创新来提高农村金融服务的效率和质量。政府和监管部门的角色应转变为提供者和促进者，通过制定合理的政策框架，创造有利的市场环境，激励这些机构积极参与到农村金融服务中来。

此外,为了促进农村金融市场的健康发展,政府和监管部门还应加强对农村金融市场的监管,防止金融风险的发生。同时,应加强对农村金融知识的普及教育,提高农村居民的金融素养,使他们能够更好地利用金融服务,促进农村经济的全面发展。

总之,商业银行的涉农业务和考核指标的调整是一个系统工程,需要政府、监管部门和商业银行三方的共同努力。通过"区别对待"的调整思路,我们可以更好地优化农村金融服务,防止农村资金外流,同时确保商业银行能够根据自身特点和市场定位发挥其应有的作用,为农村经济的可持续发展提供坚实的金融支持。

当然,农村金融业务由于其特殊性,面临较大的风险,这些风险包括但不限于农业生产的自然风险、市场风险、信用风险等。为了鼓励金融机构深入参与"三农"业务,降低其运营风险,需要采取有效的激励机制。具体措施有:

(1) 风险补偿基金。参考一些发达国家的做法,可以设立风险补偿基金,专门用于弥补金融机构在农村金融服务中可能遭受的损失。这种基金可以由政府、金融机构以及相关利益方共同出资建立,以分散风险。

(2) 税收优惠。政府可以为从事农村金融服务的金融机构提供税收减免或税收返还等优惠政策。通过减轻税收负担,增加金融机构的利润空间,从而鼓励它们更积极地拓展农村市场。

(3) 贷款贴息支持。对于金融机构提供的农村贷款,政府可以提供贷款贴息支持。这意味着政府将支付一部分贷款的利息,从而降低金融机构的资金成本,鼓励它们提供更优惠的贷款条件给农村客户。

(4) 保险保障机制。鼓励金融机构与保险公司合作,为农村金融业务提供保险保障。政府可以为这些保险产品提供补贴,降低保险费用,使得金融机构更愿意承担农村金融服务的风险。

(5) 政府担保。政府可以为金融机构的农村金融业务提供担保,降低金融机构的信贷风险。这种担保可以是全额担保,也可以是部分担保,具体形式可以根据业务的风险程度来确定。

（6）财政补贴。对于金融机构在农村地区设立分支机构、提供金融服务等行为，政府可以提供一次性或持续性的财政补贴，以弥补其运营成本。

（7）合作模式创新。鼓励金融机构与地方政府、农业企业、合作社等建立合作模式，共同开发适合农村市场的金融产品和服务。政府可以对这些合作模式给予政策支持和资金补贴。

（8）信息共享平台。建立农村金融信息共享平台，降低金融机构获取信息的成本和难度。政府可以对参与信息平台建设的金融机构给予补贴，促进信息的透明化和共享。

6

和谐与提升：
农村金融协同机制
的探索与应用

6.1 农村金融服务与乡村振兴政策的错位

乡村振兴战略是我国实现农业现代化、农村繁荣和农民富裕的重要途径。农村金融服务作为该战略的重要组成部分，其发展状况直接关系到乡村振兴的成败。然而，当前我国农村金融服务与乡村振兴政策之间存在一定程度的错位现象，这一点在奇富科技的经营数据中得到了一定程度的体现。

从金融服务覆盖面来看：尽管金融服务网络在农村地区有所扩展，但与城市相比，农村金融服务的覆盖面和可及性存在较大差距。这导致许多农村地区尤其是偏远地区的居民难以享受到便捷的金融服务。

从产品创新方面来看：当前农村金融产品和服务往往缺乏针对性和创新性，难以满足农村多样化的金融需求，如农业生产周期性资金需求、农村基础设施建设等。

从风险管理能力来看：农村金融机构在风险识别、评估和控制方面存在不足，一定程度上影响了金融服务的稳定性和可持续性，并增加了运营风险。

奇富科技的经营数据为我们提供了农村金融市场供求现状：2023年，奇富科技与157家金融机构合作，促成3 040万人成功借款，平台总贷款撮合及发起规模达到4 758.31亿元，在贷余额为1 865亿元，全年实现营收163亿元，净利润42.8亿元，实现了较上年增长6.96%。奇富科技的数据至少说明了以下问题：

（1）奇富科技与157家金融机构的合作显示了平台的吸引力，同时也反映出农村地区对金融服务需求的增长，可能表明农村金融供给不足。

（2）奇富科技促成的大规模贷款表明其服务已经触及相当规模的农村人口，但并不能直接反映农村金融服务的整体覆盖面，从侧面反映出传统金融机构贷款难的问题仍然存在。

（3）加权平均合约期限的延长可能意味着贷款者在偿还贷款方面存在困难，反映出贷款者可能面临的经济压力。

（4）奇富科技发起、促成的贷款平均IRR为21.3%，这一较高的利率水平一方面说明农村金融市场供需失衡严重,一大部分人得不到普惠金融服务;另一方面说明借款成本高企,可能加重了贷款者的还款压力,尤其是在收入水平相对较低的农村地区。

乡村振兴政策旨在全面推动农村发展,这就要求农村金融服务不仅能够提供多样化的金融产品,满足农业生产、农村基础设施建设、农民创业等多方面的金融需求,还要优化金融服务网络,提高农村金融服务的覆盖面和便利性,实现金融服务的均等化。当前农村金融服务与乡村振兴政策在多方面存在错位:

第一,政策执行力度不足。虽然政府出台了一系列支持农村金融服务的政策,但在执行过程中可能存在力度不足、效果不明显的问题。

第二,金融服务与需求脱节。农村金融服务未能充分满足乡村振兴的实际需求,导致政策目标难以实现。

第三,金融机构参与度不高。部分金融机构对农村市场的认识不足,参与乡村振兴的积极性和主动性不高。

据《中国农村金融服务报告(2022)》,我国2022年金融系统新发放涉农贷款加权平均利率为4.17%,处于历史低位。为掌握农村贷款实际利率,我们于2023年下半年在山东、河南部分县市做过专门调查,结果显示,国有银行提供的贷款利率确实较低,如根据公开数据,工商银行2022年新发涉农贷款平均利率为3.86%,较上年相比下降27个基点;建设银行2022年新发涉农贷款平均利率为3.91%,较上年相比下降39个基点;邮储银行2022年新发涉农贷款平均利率为5.03%,较上年下降36个基点。但国有银行贷款条件苛刻,且资源稀缺,为充分利用这种稀缺资源,为数不少的银行客户经理索要不菲的"好处费"。各家股份制商业银行筹资成本高,因而其涉农贷款利率也高,普遍在6%以上。农村商业银行的贷款利率及担保费合计成本均大大超过股份制商业银行,而且也有客户经理索要"回扣"的现象。各类平台贷款综合成本大都在10%~15%左右,一旦违约,成本就会急剧上升。民间借贷实际利率更高,部分地区甚至超过了法定利率上限。

通过奇富科技的经营数据及我们的亲身调查,可以洞察农村金融市场的实际供求状况。目前金融机构公布的低利率，可能远远低于市场实际利率，享受此名义低利率的，往往是那些优质的农村企业，作为商业银行的客户，它们既是商业银行竞相贷款的目标，同时又有利率谈判的筹码，实际利率可能要远远高于名义利率。而那些不符合商业银行贷款条件的客户，贷款成本甚至超过奇富科技，这恰恰印证了我国农村金融服务供给存在严重的错配现象。

6.2 农村金融与乡村振兴的八大协调均衡

农村金融作为解决"三农"问题和推动乡村振兴的重要手段，其布局和发展必须有大格局、大战略、大决心、大政策，要摒弃短期思维和侥幸心理，其供给必须与国家宏观战略相适应，实现多方面的协调均衡。

6.2.1 政策地位协调均衡

实现政策地位协调均衡，是确保农村金融能够有效服务于"三农"、推动乡村振兴的关键。政策地位协调均衡的核心在于政府对农村金融的政策定位与实际行动的一致性，以及这些政策措施与农村金融发展需求的匹配度。

（1）在政策层面明确农村金融的战略地位。这意味着，农村金融不仅仅是金融服务的一个分支，而是国家战略的重要组成部分，是推动农业现代化、农村经济发展和农民增收的关键力量。因此，政策制定应充分考虑农村金融的特殊性，确保政策的连贯性和长期性，避免频繁变动给金融机构和农户带来不确定性。

（2）提供必要的政策支持和激励措施。包括但不限于税收优惠、财政补贴、信贷担保等。例如，对于在农村地区提供金融服务的金融机构，可以给予一定的税收减免，降低其运营成本；对于农村金融机构发放的涉农贷款，政府可以通过财政补贴或信贷担保的方式，分担一部分风险，鼓励金融机构增加贷款投放。

(3) 鼓励金融机构创新农村金融产品和服务。例如，可以支持金融机构开发适合农村市场的金融产品，如小额信贷、绿色金融产品等，满足农村地区多样化的金融需求。同时，政策也应鼓励金融机构利用现代科技，如移动支付、互联网金融等，提高农村金融服务的效率和覆盖面。

(4) 加强监管和风险防控。在推动农村金融发展的同时，必须确保金融市场的稳定，防止金融风险的积累。这要求政府加强对农村金融市场的监管，确保金融机构合规经营，保护农户的合法权益。

(5) 政策地位协调均衡还需要政府加强与金融机构的沟通和协作。政府应与金融机构建立有效的沟通机制，了解金融机构在服务农村过程中遇到的困难和挑战，及时调整政策措施，确保政策的实施效果。

农村金融的政策地位协调均衡，可以确保农村金融政策与乡村振兴战略相匹配，为农村经济发展提供坚实的金融支持。

6.2.2 供给体系协调均衡

农村金融供给体系的协调均衡是实现乡村振兴战略的重要保障。一个多元化、互补性强的金融供给体系能够更好地满足农村地区多样化的金融需求，促进农村经济的全面发展。

政策性银行在农村金融供给体系中扮演着基础性和引导性的角色，主要负责实施国家的农村金融政策，提供低利率的贷款支持农业和农村基础设施建设。政策性银行的介入有助于引导更多的金融资源流向农村地区，降低农村金融服务的成本，提高金融服务的可及性。

商业银行则以其广泛的服务网络和丰富的金融产品，为农村客户提供多样化的金融服务。商业银行可以利用其在城市和农村地区的分支机构，为农户和农业企业提供存款、支付、转账、信贷等服务。此外，商业银行还可以通过金融创新，开发适合农村市场的金融产品，如农业保险、期货、衍生品等，帮助农户管理价格风险和收入波动。

合作金融和小额贷款公司则更多地聚焦于农村地区的小微企业和农户。

这些机构通常更加了解当地农村市场的需求，能够提供更加个性化和灵活的金融服务。合作金融通过成员间的互助合作，降低交易成本，提高金融服务的效率；小额贷款公司则专注于为农村地区的小微企业和个体经营者提供小额、短期的贷款服务，满足其临时性的资金需求。

为了实现供给体系的协调均衡，金融机构之间的合作至关重要。政策性银行可以与商业银行合作，共同开发农村市场，分享风险和收益；商业银行可以与合作金融和小额贷款公司合作，提供技术和资金支持，扩大服务范围。此外，金融机构还可以与地方政府、农业龙头企业、农民合作社等合作，共同开发适合农村市场的金融产品和服务。

政府在推动供给体系协调均衡方面也发挥着关键作用。政府可以通过出台相关政策，如提供税收优惠、财政补贴、风险补偿等，激励不同类型的金融机构参与农村金融服务。同时，政府还可以通过建立信用信息共享平台、完善农村信用体系等措施，降低金融机构的风险成本，提高金融服务的效率和质量。

通过构建多元化、互补性强的农村金融供给体系，加强金融机构之间的合作，以及政府的有效引导和支持，可以有效地实现农村金融供给体系的协调均衡，为乡村振兴提供坚实的金融服务支持。

6.2.3 贷款规模协调均衡

农村金融的贷款规模协调均衡是实现乡村振兴战略的重要环节。贷款规模的合理性直接关系到农村经济的稳定发展和金融机构的长期健康。在这一过程中，需要平衡贷款供给与需求，确保贷款规模既能满足农村经济发展的需要，又不会导致金融风险的过度积累。

（1）贷款规模应与农村经济的发展水平相匹配。随着农业现代化的推进和农村经济结构的调整，农户和农业企业对于资金的需求呈现出多样化和复杂化的特点。金融机构需要根据农村地区经济发展的实际状况，合理配置贷款资源，确保贷款规模能够满足农业生产、农村基础设施建设、农产品加工和流通、农村旅游开发等领域的资金需求。这有助于推动农业产业链的延伸和价值链的提升，促进农村经济的全面发展。

（2）贷款规模应充分考虑农户的资金需求。农户作为农村金融服务的主要对象，其生产经营活动的资金需求具有周期性和季节性的特点。金融机构应深入了解农户的生产计划和资金需求，提供与农户生产周期相匹配的贷款产品，帮助农户平滑生产和消费，降低生产经营风险。同时，应注重小额信贷和微型金融服务的供给，满足广大农户的小额、短期资金需求。

（3）在保证贷款供给的同时，还需要防止过度放贷。过度放贷可能会导致农户负债过重，增加金融机构的不良贷款率，甚至引发区域性的金融风险。因此，金融机构应加强风险管理，通过科学的风险评估和信贷审批流程，合理控制贷款规模。包括对农户的信用评估、贷款用途的审查、还款能力的分析等，确保贷款的安全性和收益性。

（4）政府和监管部门也应发挥积极作用。政府可以通过出台相应的政策和措施，引导金融机构合理确定贷款规模，如设定贷款增长的上限、鼓励金融机构开展农业保险业务等。监管部门则应加强对农村金融市场的监管，确保金融机构的贷款行为合规，防范系统性金融风险。

实现农村金融贷款规模的协调均衡，需要金融机构、农户、政府和监管部门的共同努力，以有效促进农村经济的稳定发展，保障金融机构的长期健康，为乡村振兴战略的实施提供坚实的金融支持。

6.2.4 地域与人口覆盖面协调均衡

农村金融服务的地域与人口覆盖面协调均衡是实现乡村振兴战略的基础性工作。确保所有农村地区和农户都能获得必要的金融服务，是缩小城乡发展差距、促进社会公平和谐的重要措施。为了实现这一目标，金融机构需要在服务网络布局、产品创新、技术应用等方面进行积极探索和创新。

（1）金融机构应优化农村服务网点布局，扩大服务覆盖面。在人口密集的乡村地区，金融机构可以通过设立分支机构、服务点等方式，提供面对面的金融服务。对于偏远山区、少数民族地区等金融服务不足的地区，可以考虑建立流动服务站、使用移动银行车等方式，定期为当地居民提供金融服务。此外，还可以通过合作模式，与当地的农民合作社、供销社等组织合作，利用这些组织的网络和资源，提供金融服务。

（2）金融机构应创新服务方式，提高金融服务的可达性和便利性。随着移动互联网和支付平台的普及，金融机构可以开发适合农村地区的移动金融服务应用，提供在线申请、审批、放款等服务，降低农户获取金融服务的门槛和成本。同时，可以通过电话银行、短信银行等传统渠道，为那些不便于使用互联网的农户提供金融服务。

（3）金融机构应注重金融产品的创新，满足不同农户的金融需求。针对农村地区的特点，可以开发适合农户生产周期的贷款产品、与农业生产相关的保险产品、针对农村小微企业的金融产品等。同时，应提供简单易懂的金融知识教育，提高农户的金融素养，帮助他们更好地使用金融服务。

（4）政府和监管部门在推动地域与人口覆盖面协调均衡方面也发挥着重要作用。政府可以通过财政补贴、税收优惠等政策，支持金融机构在农村地区提供服务。监管部门则应加强对农村金融市场的监管，确保金融机构合规经营，保护农户的合法权益。

实现农村金融服务的地域与人口覆盖面协调均衡，需要金融机构、政府和监管部门的共同努力，以有效提高农村金融服务的覆盖面和质量。

6.2.5 普惠程度协调均衡

普惠程度协调均衡是农村金融发展的核心目标之一，它要求金融服务能够覆盖到所有农村居民，特别是低收入农户和小微企业等弱势群体。实现这一目标，不仅能够促进社会公平，还能够激发农村经济的活力，为乡村振兴提供动力。

（1）金融机构应开发和提供适合低收入农户和小微企业的金融产品和服务。小额信贷是满足这些群体短期资金需求的有效工具，可用于购买种子、农药、化肥等农业生产资料，或者用于小微企业的周转资金。金融机构还应提供储蓄服务，帮助农户和企业积累资金，为未来的投资和发展打下基础。

（2）金融机构应通过金融教育和培训提高农户和小微企业主的金融素养。许多低收入农户和小微企业主由于缺乏必要的金融知识，不了解如何有效利用金融服务。金融机构可以通过组织培训班、发放教育资料、在线教育等方式，普及金融知识，教育他们如何管理资金、如何选择合适的金融产品、如何规避金融风险等。

（3）政府和监管部门在推动普惠程度协调均衡方面也扮演着重要角色。政府可以通过出台优惠政策，如提供贷款贴息、税收减免、风险补偿等，降低金融机构服务弱势群体的成本和风险。监管部门应加强对农村金融市场的监管，确保金融服务的真实性和有效性，防止金融欺诈和不公平交易。

（4）金融机构应利用现代科技手段，如移动支付、互联网金融等，提高服务效率和可达性。现代科技不仅能够降低服务成本，还能够扩大服务范围，使得偏远地区的农户和小微企业也能够享受到便捷的金融服务。

实现农村金融的普惠程度协调均衡，需要金融机构、政府和监管部门的共同努力，以有效提升农村金融服务的普惠性，为乡村振兴战略的实施提供坚实的金融基础。

6.2.6　可持续性协调均衡

农村金融的可持续性协调均衡是确保金融服务能够长期、稳定地支持农村经济发展的关键。这一目标要求金融机构在追求经济效益的同时，注重风险管理、环境保护和社会责任，以及政策的引导和合作机制的建立。

（1）金融机构需要在遵循自身经营原则的基础上，注重风险管理。这意味着金融机构在提供贷款和其他金融服务时，应进行全面的风险评估，确保贷款的安全性和收益性。同时，应建立健全的风险控制机制，包括信贷审批流程、贷后管理、风险监测和预警系统等，以防范和控制金融风险，保障业务的稳健经营。

(2）金融机构应关注环境保护和社会责任。在支持农业和农村发展的过程中，金融机构应鼓励和引导农户和企业采取环保的生产方式，如推广节水灌溉、有机农业、生态养殖等。同时，应支持农村地区的可持续发展项目，如农村基础设施建设、农村教育和医疗改善等，以提高农村地区的生活质量和社会福利。

（3）政府应加强对农村金融的引导并落实优惠政策。政府应通过税收优惠、财政补贴、信贷担保等措施，激励金融机构增加对农村地区的贷款投放，降低农村金融服务的成本。同时，应加强对农村金融市场的监管，确保金融机构的经营活动符合法律法规，防止金融风险的积累。

（4）促进金融机构之间的合作是实现可持续性协调均衡的有效途径。不同类型的金融机构可以根据各自的优势和特点，开展合作，共同开发适合农村市场的金融产品和服务。例如，政策性银行可以与商业银行合作，共同支持农业重点项目；商业银行可以与合作金融和小额贷款公司合作，共同服务小微企业和农户。

通过这些措施，可以确保农村金融服务的长期稳定发展，为乡村振兴战略的实施提供持续的金融支持。

6.2.7 创新与技术协调均衡

农村金融与乡村振兴的创新与技术协调均衡是推动农村金融服务现代化、提升服务效能的关键。在这一过程中，金融机构需要充分利用科技创新的成果，优化服务流程，提高风险管理能力，实现金融服务的精准化和个性化，从而更好地服务于乡村振兴战略。

（1）大数据技术的应用可以极大地提高农村金融服务的精准性。金融机构可以通过收集和分析农户的生产、交易、消费等数据，更准确地评估农户的信用状况和贷款需求。这些数据可以帮助金融机构设计更符合农户实际需求的金融产品，提供定制化的金融服务，从而提高贷款的成功率和回收率。

（2）云计算技术可以为农村金融服务提供强大的数据处理和存储能力。

通过云计算平台，金融机构可以快速处理大量的金融交易，提高服务效率。同时，云计算还可以降低金融机构的运营成本，使得金融机构能够以更低的价格为农户提供服务。

（3）人工智能技术在风险管理和信贷审批中的应用，可以提高农村金融服务的智能化水平。人工智能算法可以自动分析农户的财务状况和市场环境，预测贷款的风险，从而帮助金融机构做出更准确的信贷决策。此外，人工智能还可以通过智能客服、智能投顾等方式，提供24小时不间断的金融服务，提高农户的服务体验。

（4）移动金融技术也是提升农村金融服务可及性和便利性的重要手段。通过移动支付、移动银行等应用，农户可以随时随地进行金融交易，不受地理位置的限制。这对于偏远地区的农户来说尤为重要，可以有效解决他们获取金融服务的难题。

（5）金融机构应注重科技创新与金融教育的结合。在推广新技术的同时，应加强对农户的金融知识教育，提高他们的科技接受能力和金融素养。这不仅有助于农户更好地利用金融服务，还可以促进农村金融市场的健康发展。

实现农村金融的创新与技术协调均衡，需要金融机构积极拥抱科技创新，同时确保科技创新能够在风险可控的前提下，为乡村振兴战略提供强有力的金融支持。

6.2.8　监管与市场协调均衡

农村金融的监管与市场协调均衡是确保乡村振兴战略顺利实施的重要保障。监管机构需要在维护金融市场稳定和促进金融机构创新之间找到平衡点，通过有效的监管政策和措施，既保障金融市场的公平竞争，又激发金融机构的服务活力和创新潜力。

（1）监管机构应确保金融市场的稳定。包括制定和执行严格的金融法规，确保金融机构的合规经营，防止金融欺诈和风险积累。同时，监管机构应加强对金融市场的监测和分析，及时发现和处置潜在的金融风险，维护金融市场的稳定运行。

（2）监管机构应为金融机构的创新和市场拓展提供空间。在确保风险可控的前提下，监管机构应鼓励金融机构开发适合农村市场的金融产品和服务，如小额信贷、农业保险、绿色金融等。同时，监管机构可以通过试点项目、创新基金等方式，支持金融机构在农村地区的创新实践。

（3）监管机构需要与金融机构保持沟通，了解市场需求和发展趋势。通过定期的座谈会、调研访问等方式，监管机构可以及时掌握农村金融市场的实际需求和金融机构的经营状况，根据市场变化和金融机构的反馈，适时调整监管政策和措施。

（4）监管机构应建立公平、公允的金融机构履职评价机制。通过设定明确的评价标准和指标，监管机构可以对金融机构的服务效果和风险控制能力进行客观评价。对于表现优秀的金融机构，监管机构可以给予表彰和奖励；对于存在问题的金融机构，应采取必要的监管措施，确保问题得到及时纠正。

（5）监管机构应避免掩盖问题、邀功请赏、投机取巧的行为。监管机构应坚持原则，保持监管的独立性和公正性，确保监管措施的公平执行。对于任何违反监管规定的行为，监管机构应严格查处，维护金融市场的公平正义。

实现农村金融的监管与市场协调均衡，需要监管机构在保障金融市场稳定和促进金融机构创新之间找到平衡，为乡村振兴战略提供坚实的金融支持和保障。

6.3　农村金融各机构间协同关系的构建

目前我国的农村金融体系是"蹩脚"、不完整的体系，农村信用社商业化后，合作金融缺位；农业政策性金融功能不全，业务范围受限；商业性金融承担了过多的政策性业务，与涉农贷款挂钩削弱了其市场竞争力。同时，目前的农村金融体系缺乏互补合作机制，同质竞争不仅恶化了农村金融环境，也降低了农村金融效率，并带来了金融服务盲区。上述问题使得农村金融与乡村振兴的不协调不均衡。为解决上述问题，必须探索我国新的农村金融体系，并构建农村金融机构间的协同关系。

6.3.1 建立农村金融市场协同关系的五项原则

（1）明确定位。各类金融机构应根据自身特点和优势，明确在农村经济中的定位和作用，确保政策性金融、合作金融和商业性金融之间的互补性。

（2）政策引导。政府应通过政策引导和激励措施，鼓励金融机构参与农村金融服务，特别是对于政策性金融机构，应提供必要的支持，确保其在农村金融中的主力和核心地位。

（3）风险共担。建立风险共担机制，通过合作和委托关系，使得各类金融机构能够共同承担农村金融服务的风险，降低单一机构的风险敞口。

（4）信息共享。推动金融机构之间的信息共享，建立统一的信用信息平台，提高信用评估的准确性和贷款的效率。

（5）加强监管协调。加强监管协调，确保金融机构在农村金融市场中的合规经营，防止监管套利和市场混乱。

6.3.2 农村金融各机构间协同环境的搭建

（1）建立合作平台。由地方政府牵头建立一个由各类金融机构参与的合作平台是实现农村金融协同效应的关键。这样的平台可以作为金融机构之间沟通的桥梁，促进信息共享和资源整合。通过合作平台，金融机构可以共享关于农户信用状况、贷款历史和市场动态的数据，从而提高信用评估的准确性和贷款决策的效率。此外，平台还可以协调金融机构之间的资金流动，实现资金的优化配置。例如，政策性金融机构可以通过平台向合作金融机构提供低成本资金，后者再将这些资金以贷款的形式发放给农户，这样既降低了农户的融资成本，又提高了资金的使用效率。合作平台还可以作为金融机构共同研发新产品、开展风险管理和提供培训的基地，从而提升整个农村金融体系的服务能力和风险防控水平。

（2）联合产品研发。农村金融市场的需求多样化，单一金融机构往往难以满足所有需求。因此，鼓励不同类型的金融机构联合研发金融产品至关重要。通过联合研发，金融机构可以结合各自的优势，开发出更符合农村市场特点和农户需求的金融产品。例如，政策性金融机构可以提供政策支持和资金保障，商业银行可以提供市场运作和风险管理的经验，而合作性金融机构则可以提供贴近农户的服务平台和网络。这样的合作不仅可以开发出更具创新性的产品，如结合农业保险的信贷产品、基于移动支付的小额贷款产品等，还可以提高产品的市场适应性和农户的接受度。联合产品研发还有助于降低金融机构的研发成本和风险，提高产品的成功率和市场竞争力。

（3）风险管理合作。农村金融面临的风险包括信用风险、市场风险、操作风险等，这些风险的管理对于金融机构的稳健经营至关重要。通过风险管理合作，金融机构可以共享风险评估模型和风险控制经验，提高风险管理的效率和效果。例如，政策性金融机构可以分享其在大额贷款和长期投资项目中的风险管理经验，而商业银行和合作金融机构则可以提供关于小额贷款和短期融资的风险评估工具。此外，金融机构还可以共同建立风险数据库，收集和分析农户的信用信息和贷款记录，从而提高风险评估的准确性。在风险发生时，金融机构可以通过合作平台进行风险的分散和转移，降低单一机构的风险敞口。通过风险管理合作，金融机构不仅可以提高自身的风险防控能力，还可以为农户提供更稳定、更安全的金融服务。

（4）共享服务网络。共享服务网络是提高农村金融服务效率和降低运营成本的有效途径。金融机构可以通过共享支付系统、信用评估系统、客户服务网络等资源，减少重复建设和浪费。例如，金融机构可以共同建立一个覆盖农村地区的支付网络，使得农户可以在任何一个金融机构的网点进行存款、取款和转账操作。这不仅方便了农户，也降低了金融机构的运营成本。共享信用评估系统可以使得金融机构之间的信用信息互通有无，提高信用评估的效率和准确性。此外，金融机构还可以共享客户服务网络，如呼叫中心、移动服务车等，为农户提供便捷的咨询服务和业务办理。通过共享服务网络，金融机构可以更好地利用有限的资源，提高服务质量，扩大服务覆盖面。

(5) 协同培训与教育。农村金融服务的质量在很大程度上取决于农户的金融素养。因此,金融机构应共同开展农村金融知识的培训和教育。通过协同培训,金融机构可以共享培训资源和经验,提高培训的效率和效果。金融机构可以联合开展金融知识讲座、培训班、在线教育等活动,教育农户如何管理资金、如何使用金融产品和服务、如何规避金融风险等。此外,金融机构还可以与政府部门、教育机构、农业组织等合作,共同推动农村金融教育的普及和发展。通过协同培训和教育,不仅可以提高农户的金融素养,还可以增强他们对金融服务的信任和接受度,从而促进农村金融市场的健康发展。

6.3.3 农村金融市场协同关系设计

根据前述的策略和行动方案,已经成功地建立了一个全新的农村金融架构,确立了农村金融的核心力量,重整了农村金融市场的秩序。如图 6-1 所示。

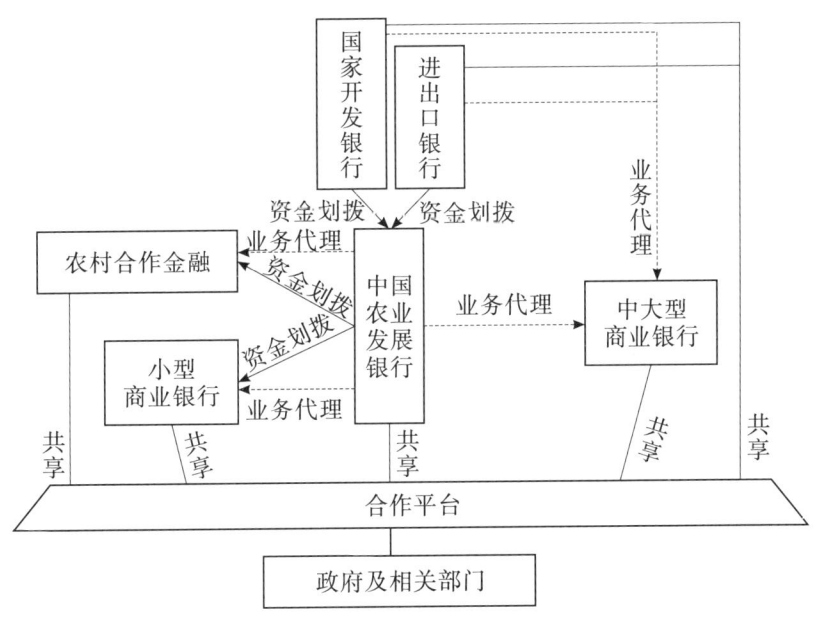

图 6-1 我国农村金融市场协同关系图

在重构我国农村金融体系的过程中，明确"三驾马车"——政策性金融机构、新型合作性金融组织以及商业性金融机构的业务分工至关重要，这不仅有助于提升金融服务效率，还能确保农村金融资源的合理配置和有效利用。从图6-1可以看出，本研究设计的农村金融市场协同关系，是以政策性金融发挥主导作用、商业性金融与合作性金融发挥辅助作用形成的互补合作、齐头并进的新体系。

6.3.3.1 政策性金融的角色与职责

（1）中国农业发展银行（ADBC）的角色与职责

角色：

ADBC作为政策性金融机构，其核心角色是在农村金融体系中发挥主力和核心作用，充当"辕马"角色。ADBC需要利用其政策优势和筹资能力，确保农村金融体系的稳定发展和资源的高效配置。

职责：

①资金筹集与供应。ADBC应通过发行专项债券、政策性贷款等方式筹集资金，为农村地区的小型金融机构和新型合作金融组织提供稳定且低成本的运营资金。

②支持国家战略性农业项目。专注于支持国家战略性农业项目的发展，承担国家战略需要的粮棉油储备资金供应，确保国家粮食安全和农业可持续发展。

③粮棉油等收购与调销业务。专注于商业性金融不愿介入的粮棉油等收购与调销业务，通过稳定粮食价格，保障农民利益和市场稳定。

④农村企业资金需求。为商业性金融不愿介入的农村企业提供资金需求，支持农村企业的发展壮大。

⑤贫困地区发展。专注于贫困地区的发展，接收国开行、农业银行等机构的扶贫贷款，统一负责扶贫贷款业务，通过委托给其他农村金融机构的方式，提高贷款的精准性和有效性。

⑥农业基础设施建设贷款。专注于农业基础设施建设贷款，促进农村地区的经济发展和社会进步。

⑦"孵化基金"的组建。接收国开行、进出口银行从事涉农业务的盈余，连同自身的盈余共同组建"孵化基金"，联合政府资金及担保机构、保险机构等，共同保障资金安全，为农村新兴中小企业和初创中小企业提供资金支持。

⑧国务院交办的其他涉农业务。负责国务院交办的其他涉农业务，确保政策的贯彻执行。

⑨合作平台的联系与沟通。与政府组建的合作平台联系与沟通，及时提供有关信息，并反映农村金融运行中存在的问题，促进政策的调整和完善。

(2) 国开行与进出口银行的角色与职责

角色：

国开行与进出口银行在农村金融中发挥支持协助ADBC的辅助作用，利用其政策优势和筹资能力，为农村金融体系提供支持。

职责：

①资金筹集与划拨。通过发行专项债券等方式筹集资金，配合ADBC为农村地区小型金融机构与新型合作金融组织提供稳定且低成本的运营资金。向ADBC划拨自身涉农业务的盈余，共同组建"孵化基金"。

②涉农业务的继续开展。继续做好本机构与农村金融有关的业务，确保业务的连续性和稳定性。

③国务院交办的其他涉农业务。负责国务院交办的其他涉农业务，确保政策的贯彻执行。

④合作平台的联系与沟通。与政府组建的合作平台联系与沟通，及时提供有关信息，并反映农村金融运行中存在的问题。

6.3.3.2 新型合作金融的角色与职责

角色：

新型合作金融组织在农村金融体系中充当"梢马"角色，它们利用自身的内生性功能和独特地位，发挥着在农村金融中的辅助与配合作用。新型合作金融组织通常具有更接近农民、更了解农村市场的优势，能够提供更加贴近农民需求的金融服务。

职责：

(1) 内部管理与风险控制。在"二结构、三层级"框架下,新型合作金融组织需要加强内部管理和风险控制,提高自身的稳定性和抗风险能力。包括建立健全的财务管理制度、风险评估机制和内部审计流程。

(2) 资金管理。管好用好政策性金融机构提供的运营资金,确保资金的有效利用和风险的最小化。涉及对资金流向的监控、成本控制和收益最大化。

(3) 扶贫贷款委托。接受政策性金融机构的扶贫贷款委托,利用其在农村地区的网点优势,为组织成员和农户提供更加便捷、高效的金融服务。这要求新型合作金融组织能够精准识别贫困户,提供定制化的金融产品和服务。

(4) 金融产品创新。不断创新金融服务模式,开发适合农村市场的金融产品。可能包括小额信贷、农业保险、农产品期货等多样化的金融工具,以满足不同农民和农村企业的需求。

(5) 教育与培训。加强对组织成员和农户的金融知识教育和培训,提高他们的金融素养和风险意识。这有助于农民更好地理解和使用金融产品,同时也能够增强他们的风险防范能力。

(6) 社会责任。承担社会责任,推动农村地区的经济发展和社会进步。新型合作金融组织不仅要追求经济效益,还要关注社会效益,通过金融服务促进农村地区的可持续发展。

(7) 监管与合规。接受新型农村合作金融组织多年来运行的教训,遵守国家关于金融监管的法律法规,确保业务的合规性。包括但不限于客户身份验证、反洗钱、信息披露等方面的合规要求。

(8) 技术应用。积极探索和应用现代信息技术,如移动银行、在线支付、大数据分析等,以提高服务效率和质量,降低运营成本。

(9) 市场研究。定期进行市场研究,了解农民和农村企业的需求变化,及时调整服务策略和产品结构,以更好地满足市场需求。

(10) 合作平台的联系与沟通。与政府组建的合作平台联系与沟通,及时提供有关信息,并反映农村金融运行中存在的问题。有助于新型合作金融组织及时了解政策动向,调整服务策略,同时也能够为政策制定提供基层的反馈和建议。

6.3.3.3 商业性金融的角色与职责

角色：

商业性金融机构在农村金融体系中同样扮演着"悄马"角色，它们利用强大的网络布局和全方位服务的优势，与新型合作金融组织一同发挥在农村金融的辅助与配合作用。商业性金融机构通常具有广泛的客户基础和丰富的金融产品，能够为农村市场提供多样化的金融服务。

职责：

（1）涉农贷款的保持。在农村区域有网点布局的商业性金融机构，有效保持涉农贷款的占比，确保农村地区能够获得必要的金融支持。

（2）资金管理。村镇银行、小额贷款公司等小型金融机构需要管好用好政策性金融机构提供的运营资金，确保资金的有效利用和风险的最小化。

（3）扶贫贷款委托。接受政策性金融机构的扶贫贷款委托，利用其在农村地区的网点优势，为组织成员和农户提供更加便捷、高效的金融服务。

（4）金融服务模式创新。不断创新金融服务手段，开发适合农村市场的金融产品。

（5）资源共享与优势互补。加强与政策性金融机构和合作金融组织的合作，在提供农村金融服务中实现资源共享和优势互补，提高整体服务效率。

（6）技术支持。利用现代信息技术，如互联网、移动应用、大数据分析等，提高服务效率，降低服务成本，提升用户体验。

（7）市场调研与产品开发。定期进行市场调研，了解农村市场的需求变化，根据调研结果开发和优化金融产品，以更好地服务农村市场。

（8）风险管理。各家机构，尤其是小型机构要建立健全的风险管理体系，针对农村金融市场的特点，制定相应的风险控制策略，确保业务的稳健运行。

（9）社会责任与可持续发展。承担社会责任，推动农村地区的经济发展和社会进步，同时注重可持续发展，支持绿色金融和环保项目。

（10）监管合规。严格遵守国家金融监管法律法规，确保业务合规，维护金融市场秩序。

（11）人才培养与团队建设。加强人才培养和团队建设，提高员工的专业能力和服务水平,以更好地服务农村金融市场。

(12) 合作平台的联系与沟通。与政府组建的合作平台联系与沟通,及时提供有关信息,并反映农村金融运行中存在的问题,促进政策的调整和完善。

6.3.3.4 合作平台的角色与职责

政府组建的合作平台在农村金融市场协同关系中至关重要,扮演着多重角色:

(1) 协调者。政府组建的合作平台作为政策性金融机构、新型合作金融组织以及商业性金融机构之间的协调者,负责促进各方之间的沟通与合作。

(2) 政策制定者。平台负责制定相关政策,引导和规范农村金融市场的发展。

(3) 监管者。作为监管者,平台监督金融市场的运作,确保所有金融机构遵守法律法规和政策要求。

(4) 信息提供者。平台提供市场信息、政策动态和行业趋势,帮助各方做出更明智的决策。

(5) 风险管理者。平台参与风险评估和管理,确保农村金融市场的稳定。

职能主要有:

(1) 政策传达与执行。确保政府的政策得到有效传达和执行,包括金融政策、扶贫政策等。

(2) 信息收集与分析。收集农村金融市场的相关信息,进行分析,为政策制定提供依据。

(3) 市场监管。监管农村金融市场,防止违规行为,维护市场秩序。

(4) 风险预警。及时发现和预警潜在的市场风险,采取措施防范和化解风险。

(5) 金融服务创新。推动金融服务模式的创新,鼓励开发适合农村市场的金融产品。

(6) 合作促进。促进金融机构之间的合作,实现资源共享和优势互补。

(7) 金融教育与培训。开展金融知识教育和培训,提高农村居民和金融机构从业人员的金融素养。

(8)扶贫贷款管理。管理和监督扶贫贷款的发放和使用,确保资金精准投放到需要的地区和人群。

(9)基础设施建设支持。支持农村基础设施建设,为农村经济发展提供必要的物质基础。

(10)合作基金管理。管理"孵化基金"等合作基金,确保资金的有效利用和风险控制。

(11)反馈机制。建立反馈机制,收集金融机构和农户的意见和建议,及时调整政策和措施。

上述农村金融新体系可以缓解由于商业银行之间的无序竞争所带来的负面影响,并且塑造一个既分工明确又功能互补、既有适度竞争又能够整体协作的新型格局。重构后的"三驾马车"将不仅能更加高效地服务于农村金融市场,满足不同类型农村客户的金融需求,促进农村金融资源的有效配置,还有助于实现金融服务的普及和普惠,为助力乡村振兴提供长期而有力的支持,促进农业现代化和农村经济的全面振兴。

7 建议与展望：我国农村金融长效机制的建立

7.1 建立农村金融长效机制的政策建议

7.1.1 建立农村金融机构激励与约束机制

在我国农村金融发展的过程中,建立有效的激励与约束机制对于引导金融机构更好地服务农村地区,促进农业和农村经济的发展具有重要意义。这一机制旨在通过一系列政策措施,激发金融机构的积极性,同时通过必要的监管措施,确保金融资源的有效配置和风险的合理控制。

(1) 建议采取的激励措施

税收减免:就目前已经执行的税收减免政策来看,存在问题比较突出,一是税收减免幅度小,对于庞大的农村金融市场来说,是杯水车薪。二是在实际操作中可能面临政策落地难的问题。今后,政府不能没有给予,只有索取,需要摒弃这种趋避式冲突思维,为在农村地区提供金融服务的金融机构提供更大幅度的税收减免优惠,同时兼顾政策落地的便捷性,可以采取中央税收与地方税收分别负担的方式,以确保政策的公平性和执行的便捷性。

财政补贴:从目前执行情况来看,对金融机构给予财政补贴存在两方面的问题,一是中央政府没有直接的补贴政策,只是鼓励地方政府使"货币政策形成合力,支持乡村振兴相关领域贷款发放";二是地方政府由于种种原因,财政补贴发挥作用有限。政府为农村金融服务提供财政补贴,有效降低金融机构的运营成本,是鼓励金融机构持续服务乡村振兴的动力。地方政府可以考虑从金融机构缴纳的增值税和企业所得税中提取一定的比例用于补贴符合有关要求的农村金融机构的相关业务。

低息再贷款:中央银行可以向金融机构提供低息再贷款,专门用于支持农村贷款。这种低息资金的注入可以降低金融机构的资金成本,从而使得金融机构能够以更低的利率向农户和农村企业提供贷款,扩大农村金融服务的覆盖面。

(2) 建议采取的约束机制

合规经营：金融机构必须遵守国家关于金融服务的法律法规，包括但不限于贷款审批、风险管理、信息披露等方面的规定。监管部门应加强对金融机构合规性的监管，避免其在农村金融服务中出现合规风险。

风险控制：金融机构应建立健全的风险管理体系，对农村贷款进行严格的风险评估和控制，包括对农户的信用评估、贷款用途的审查、还款能力的分析等，以防止不良贷款的产生和金融风险的积累。

绩效评价：建立客观公允的绩效评价体系，对金融机构在农村金融服务中的表现进行评价。这种评价可以包括贷款投放量、贷款回收率、农户满意度等多个维度，以激励金融机构提高服务质量和效率。

信息披露：金融机构应定期向监管部门和公众披露其在农村金融服务中的各项数据和信息，包括贷款规模、贷款结构、不良贷款率等。信息披露有助于提高金融机构的透明度，增强公众对金融机构的信任。

通过上述激励与约束机制的建立，可以有效地引导金融机构增加对农村地区的金融供给，同时确保这些资金的有效使用和风险的合理控制。此举将有助于促进农村金融市场的健康发展，支持农业现代化和农村经济的全面振兴。

7.1.2 建立农村金融机构风险补偿机制

建立农村金融机构风险补偿机制是我国农村金融长效体系建设的重要组成部分。这一机制的建立旨在降低金融机构在农村金融服务中面临的风险，从而激发金融机构服务"三农"的积极性，促进农村经济的健康发展。

(1) 风险补偿基金的设立

政府可以设立专门的风险补偿基金，用于分担金融机构在农村金融服务中可能遭受的损失。这种基金可以由中央和地方政府共同出资，也可以吸引社会资本的参与。风险补偿基金的运作应遵循市场化原则，通过评估金融机构的贷款项目和风险控制能力，为符合条件的农村贷款提供部分或全部的风险补偿。

（2）信用担保服务的提供

政府可以通过国有或国有控股的担保机构，为农村金融机构提供信用担保服务。这些担保机构可以为农户和农村小微企业的贷款提供担保，降低金融机构的信贷风险。同时，政府还可以通过提供反担保措施，鼓励商业性担保机构参与农村金融服务，进一步扩大农村金融服务的覆盖面。

（3）风险评估和管理体系的完善

在风险补偿机制的建立过程中，还需要完善金融机构的风险评估和管理体系。农村金融机构尤其是小型金融机构应建立健全的贷款审批流程和风险评估模型，对农村贷款项目进行全面的风险评估。同时，金融机构应加强贷后管理，及时跟踪贷款的使用情况和农户的还款能力，防范潜在的风险。

（4）政策支持和激励措施的配套

为了确保风险补偿机制的有效运行，政府还需要提供相应的政策支持和激励措施。例如，政府可以为参与风险补偿机制的金融机构提供税收优惠、财政补贴等激励，鼓励更多的金融机构参与到农村金融服务中来。

（5）监管和评估机制的建立

监管部门应定期对风险补偿机制的运行情况进行评估，确保其达到预期的政策目标。同时，监管部门还需要对金融机构的风险补偿申请进行严格审核，防止道德风险的发生。

通过上述措施的实施，风险补偿机制将有效地降低金融机构在农村金融服务中的风险，提高其对农村地区的放贷意愿，从而促进农村金融市场的稳定和发展，支持农村经济的全面振兴。

7.1.3 建立农村金融机构监管与协调机制

建立有效的监管与协调机制对于我国农村金融的稳定发展至关重要。这一机制不仅能够确保金融机构在农村地区的合规经营，还能够促进金融市场秩序的维护，防止金融风险的积累，同时提高金融服务的效率和质量。

(1) 加强农村金融业务监管

监管机构应加强对农村金融业务的监管,确保金融机构的经营活动符合国家法律法规和政策导向。包括但不限于对金融机构的贷款审批流程、风险评估体系、资金使用情况等方面进行严格监督。监管机构需要确保金融机构在提供农村金融服务时,遵循公平、透明的原则,防止金融欺诈和不公平交易的发生。

(2) 确保资金流向符合政策导向

监管机构需要确保金融机构的资金流向符合国家对农村经济发展的政策导向。这意味着金融机构在发放贷款时,应优先支持农业现代化、农村基础设施建设、农村小微企业发展等符合国家战略的项目。监管机构可以通过设定贷款投向指引、实施信贷政策指导等措施,引导金融机构的资金更多地流向农村地区的重点领域和薄弱环节。

(3) 加强不同监管部门之间的协调

在农村金融监管中,不同监管部门之间的协调合作尤为重要。例如,中央银行、金融监管局、证监会、地方政府等在监管职责上可能存在交叉,因此需要建立有效的协调机制,形成监管合力。这可以通过定期召开联席会议、建立信息共享平台、制定统一的监管标准等方式实现。通过加强部门间的协调,可以避免监管空白和重复监管,提高监管效率。

(4) 利用科技手段提高监管效率和精准度

随着科技的发展,监管机构可以利用大数据分析、人工智能等现代科技手段,提高监管的效率和精准度。例如,通过大数据分析,监管机构可以更准确地识别和预测金融风险,及时采取措施防范和化解风险。人工智能技术可以帮助监管机构自动化处理大量数据,提高监管工作的效率和准确性。此外,区块链技术可以用于提高金融交易的透明度和安全性,防止金融欺诈行为。

(5) 建立风险预警和应急处理机制

监管机构应建立风险预警和应急处理机制,对农村金融市场的异常波动和潜在风险进行实时监控和预警。一旦发生风险事件,监管机构应立即启动应急预案,采取措施控制风险蔓延,保护金融消费者的合法权益。包括对问题金融机构的接管、重组、清算等措施,以及对受害消费者的救助和补偿。

(6)促进金融机构自我约束和自我管理

除了外部监管,金融机构的自我约束和自我管理同样重要。监管机构应鼓励和引导农村金融机构尤其是小型金融机构建立健全内部控制和风险管理体系,提高自身的风险管理能力。金融机构应定期对自身的经营活动进行自查自纠,主动发现和纠正问题,防止风险的产生。

通过上述措施的实施,可以建立一个有效的农村金融机构监管与协调机制,确保农村金融市场的健康稳定发展,为农村经济发展提供坚实的金融支持。此举将有助于实现农村金融服务的普及和普惠,促进农业现代化和农村经济的全面振兴。

7.1.4 建立农村金融机构帮扶与救助机制

建立农村金融机构帮扶与救助机制是我国农村金融长效体系建设的关键环节,对于保障农村金融机构稳健运营、维护农村金融市场稳定、促进农村经济健康发展具有重要意义。

(1)流动性支持

在经济下行压力增大或市场波动频繁的情况下,农村金融机构可能面临流动性紧张的问题。政府可以通过多种方式提供流动性支持,如降低存款准备金率、提供短期流动性贷款、开展公开市场操作等,以确保农村金融机构能够满足农户和农村企业的资金需求,维持正常的金融服务。

(2)降低准备金率

降低农村金融机构的存款准备金率是释放资金、增强金融机构信贷能力的有效手段。通过降低准备金率,可以减少金融机构存放在中央银行的资金量,从而增加其可用于贷款的资金,提高农村金融服务的供给。

(3)提供紧急贷款

在自然灾害、疫情等不可预见的情况下,农村金融机构可能面临临时性的资金困难。政府可以设立紧急贷款机制，为受影响的金融机构提供快速的资金援助，帮助其渡过难关。这种紧急贷款应有明确的使用条件和还款计划，确保资金的有效使用和及时回收。

（4）建立金融教育和培训体系

提高农村居民的金融素养是帮扶与救助机制的重要组成部分。政府应建立长效的金融教育和培训体系，通过开展金融知识普及活动、提供金融咨询服务、组织金融培训课程等方式，增强农村居民对金融产品和服务的理解和使用能力。这不仅有助于农村居民更好地利用金融服务，还能够提高他们应对金融风险的能力。

（5）横向协调和信息共享

在帮扶与救助机制的实施过程中，横向协调和信息共享至关重要。政府应建立跨部门的协调机制，确保各项支持措施的有效衔接和实施。同时，发挥好农村金融合作平台的作用，促进信息共享，实现金融机构、监管部门、政府部门之间的信息互通，提高帮扶与救助工作的效率和效果。

通过上述措施的实施，农村金融机构帮扶与救助机制将能够有效地支持农村金融机构稳健运营，提高其抵御风险的能力，保障农村金融市场的稳定，促进农村经济的健康发展。

7.1.5 建立农村金融的创新机制

建立农村金融创新机制是我国农村金融发展的重要方向，对于激发农村金融市场活力、提升金融服务质量、满足农村多样化金融需求具有重要意义。

（1）创新管理模式

农村金融机构应积极探索和创新管理模式，以适应农村金融市场的特点和需求。包括改进内部治理结构，提高决策效率和透明度；优化人力资源管理，提升员工的专业能力和服务水平；运用现代信息技术，如大数据、云计算等，提高管理效率和风险控制能力。通过管理模式的创新，农村金融机构能够更好地响应市场变化，快速满足农村客户的金融需求。

(2) 创新经营模式

农村金融机构应根据农村市场的特点，创新经营模式，提供差异化和个性化的金融服务。例如，可以通过与电商平台、供应链企业等合作，开展线上线下相结合的金融服务，提高服务的便利性和可及性。此外，金融机构还可以探索与政府、非政府组织等合作，共同开发适合农村地区的金融产品和服务。

(3) 开发适合农村市场的新产品

农村金融机构应开发适合农村市场的金融新产品，以满足农村客户的多样化需求。小额信贷产品可以为农户和农村小微企业提供灵活的资金支持，帮助他们解决生产经营中的资金短缺问题。农业保险产品可以帮助农户分散和转移自然灾害和市场风险，提高他们的抗风险能力。绿色金融产品可以支持农村地区的可持续发展项目，如绿色农业、生态旅游等，促进农村经济的绿色转型。

(4) 推广金融科技应用

金融科技的应用是推动农村金融创新的重要手段。农村金融机构应积极运用移动支付、互联网金融、区块链等金融科技，提高金融服务的效率和安全性。例如，通过移动支付平台，农户可以随时随地进行金融交易，不受地理位置的限制。通过互联网金融平台，金融机构可以为农户提供更加便捷和个性化的贷款、保险、投资等服务。

(5) 建立创新激励和保护机制

为了鼓励农村金融机构进行创新，政府应建立创新激励和保护机制，包括提供创新资金支持、税收优惠、知识产权保护等措施，降低金融机构创新的成本和风险。同时，政府还可以建立创新成果的评价和奖励体系，对在农村金融创新中做出突出贡献的机构和个人给予表彰和奖励。

通过上述措施的实施，农村金融创新机制将能够有效地促进农村金融市场的发展，满足农村客户的多样化金融需求，为农村经济的繁荣和乡村振兴战略的实施提供坚实的金融支持。

7.1.6 进一步完善农村信用体系

完善农村信用体系是提升我国农村金融服务水平、促进农村经济发展的关键环节。一个健全的农村信用体系能够有效降低金融服务中的信息不对称问题，增强农户和农业企业的融资能力，为金融机构提供更为精准的风险评估和信贷决策依据。

（1）建立和完善信用档案

农村信用体系的核心是信用档案的建立和完善。政府和金融机构应合作，为每个农户和农业企业建立详细的信用档案，记录其借贷历史、还款行为、生产经营情况等信息。这些信用档案应定期更新，确保信息的时效性和准确性。通过信用档案的建立，可以为农户和农业企业提供更为客观的信用评级，为其融资提供便利。

（2）推动信用信息的共享

信用信息的共享对于提高信用体系的效率至关重要。应建立统一的信用信息共享平台，实现政府部门、金融机构、农户和农业企业之间的信息互通。通过信用信息共享，金融机构可以更全面地了解农户和农业企业的信用状况，降低信贷风险，提高贷款审批的效率和精准度。

（3）强化信用教育和宣传

提高农户和农业企业的信用意识是完善农村信用体系的基础。政府和金融机构应通过各种渠道和方式，加强对农村地区信用知识的教育和宣传。包括举办信用知识讲座、发放信用教育资料、开展信用咨询服务等。通过信用教育，可以提高农户和农业企业对信用重要性的认识，促使他们树立良好的信用行为。

（4）建立信用激励和惩戒机制

为了促进农户和农业企业建立和维护良好的信用记录，应建立信用激励和惩戒机制。对于信用良好的农户和农业企业，可以提供贷款利率优惠、贷款额度增加、贷款审批绿色通道等激励措施。对于信用不良的农户和农业企业，则应采取限制贷款、提高贷款利率、公开失信信息等惩戒措施。通过信用激励和惩戒机制，可以引导农户和农业企业树立正确的信用观念，提高其信用水平。

（5）发展农村信用担保体系

发展农村信用担保体系是降低金融机构信贷风险、提高农户和农业企业融资能力的重要措施。政府应支持和引导信用担保机构的发展，为农户和农业企业提供信用担保服务。通过信用担保，可以降低金融机构的贷款风险，鼓励其向信用等级较低的农户和农业企业提供贷款。

（6）利用科技手段提升信用体系效率

现代科技手段，如大数据、云计算、人工智能等，可以大幅提升农村信用体系的效率和精准度。通过大数据分析，可以更准确地评估农户和农业企业的信用状况和贷款需求。云计算平台可以实现信用信息的集中存储和快速处理。人工智能技术可以用于自动化信用评估和风险预警。利用这些科技手段，可以提高信用体系的服务效率，降低运营成本。

通过上述措施的实施，可以进一步完善我国农村信用体系，提高农户和农业企业的信用评级，降低金融机构的风险成本，促进金融资源的有效配置。此举将为农村经济发展提供更为坚实的金融支持，为实现乡村振兴战略目标提供重要保障。

7.1.7 加强农村金融相关法治建设

农村金融立法是推动农村金融长期发展的关键因素。通过立法，不仅可以为农村金融体系提供一个稳固的法律基础，确保金融活动在有序和合规的环境中进行，而且能够有效地保护农民的合法权益，进而促进农村经济的全面和健康发展。《中华人民共和国乡村振兴促进法》没有涉及农村金融，对农村金融的规范留下空白。

（1）提升立法层次

我国农村金融领域中现有的规范性文件和政策多以"通知""意见""办

法""方案"等形式存在,多是部门规章,法律层次较低,随意性较强,持续性差,缺乏足够的权威性。因此,迫切需要将这些文件升级为正式的法律或法规,以确保农村金融制度的权威性和稳定性。通过立法,可以明确农村金融制度的法律地位,提高其法律效力,减少政策执行中的随意性,为农村金融的稳定发展提供坚实的法律保障。

(2) 制定统一的农村金融法

制定一部综合性的农村金融法,将现有的分散规定整合起来,形成一个统一的法律体系,这将有助于提高农村金融制度的系统性和协调性。在农村金融法中,应明确各类农村金融机构的法律地位、业务范围、监管要求等,确保这些机构能够在明确的法律框架下运作,更好地服务于农村地区。

(3) 按金融机构类别制定相应法规

针对不同类型的农村金融机构,如政策性银行、合作性金融机构等,应制定相应的法规,明确其职能定位、业务范围和监管要求。政策性银行在运行过程中,由于金融属性与业务边界不清晰,业务范围不稳定,导致政策性金融功能难以充分发挥,需要通过立法来明确其职能和业务范围。农村信用社在长期运行中逐步商业化,一个重要原因是缺乏相应的法律保障。需要通过提供明确的法律支持,防止其偏离服务农村的初心。

(4) 明确监管职责和权力

在法律中明确监管部门的职责和权力,包括制定政策、监督执行、查处违规等,确保监管工作的有序进行。同时,规定监管部门的决策程序和监督机制,提高决策的透明度和公正性,增强监管的权威性和有效性。

(5) 完善农村金融产品和服务的法律框架

在法律中明确农村金融产品和服务的种类、条件、流程等,为金融机构提供明确的操作指南,确保金融服务的规范性和有效性。规定农村金融产品和服务的创新机制,鼓励金融机构开发适应农村需求的金融产品,满足农村地区的多样化金融需求。

(6) 明确农村金融消费者的权益保护

在法律中明确农村金融消费者的权益保护,包括知情权、选择权、公平交易权等，确保农民在金融活动中的合法权益得到保障。规定金融机构在农村地区的服务标准和投诉处理机制，维护消费者的合法权益，提高农村金融服务的质量和满意度。

(7) 建立风险管理和应急机制

在法律中规定农村金融机构的风险管理要求，包括资本充足率、流动性管理等，确保金融机构的稳健运行。建立农村金融风险的预警和应急处理机制，提高农村金融市场的稳定性，防范和化解金融风险。

通过这些建议，可以提高农村金融制度的法律层次，增强其权威性和约束力，为农村金融的长期发展提供有力的法律保障。此举将有助于构建一个更加稳定、有序、高效的农村金融体系，促进农村经济的持续健康发展。

7.2 我国农村金融助力乡村振兴前景展望

随着我国乡村振兴战略的深入推进，农村金融体系的重构和协同效应的发挥将成为推动农村经济发展的重要力量。在此基础上，建立长效机制将为我国农村金融的未来发展提供坚实的基础和广阔的空间。

(1) 农村金融服务体系的全面完善

未来的农村金融服务体系将更加全面和多元化。政策性金融机构尤其是农业政策性金融机构将扩大职能与业务范围，充分发挥其在农村金融中的主力和核心作用。政策性银行将通过发行"乡村振兴专项债券"等方式，为农村地区提供更多的资金支持；通过建立"孵化基金"，增强农村发展潜力；通过与小型农村金融机构的合作，将资金更有效地传递到农村基层。

合作金融组织将在"二结构、三层级"框架下，增强自身的稳定性和抗风险能力，更好地服务于农户和农村小微企业。这些组织将通过更加灵活的贷款产品和更加贴近农户的服务模式，满足农村客户的多样化需求。

商业性金融机构将更加注重市场竞争力，通过创新金融产品和服务，提高农村金融服务的效率和质量。这些机构将通过与电商平台、供应链企业等合作，提供综合性的金融服务解决方案，满足农村地区日益增长的金融需求。

(2) 金融服务的普及和普惠

随着农村金融服务体系的完善和金融科技的应用，金融服务的普及率和普惠性将得到显著提升。更多的农户和农村小微企业将能够获得必要的金融服务，满足其生产经营和生活消费的资金需求。金融机构将通过提供小额信贷、农业保险、绿色金融产品等多样化的金融产品，满足不同农户的金融需求。

金融知识教育和培训将得到加强，提高农户的金融素养，使他们更好地理解和使用金融产品和服务。通过金融教育，农户将能够更加理性地进行金融决策，有效规避金融风险。

(3) 金融服务的协同和合作

建立长效机制后，农村金融机构之间的协同和合作将更加紧密。金融机构将通过合作平台共享信息、资源和技术，实现风险共担和利益共享。金融机构之间的合作将不仅限于金融服务的提供，还将扩展到风险管理、产品研发、市场开拓等多个方面。

金融机构将通过合作平台进行信息交流、风险评估、资金调配等，提高整体的金融服务效率。例如，政策性金融机构可以为合作金融机构提供政策支持和资金保障，后者再将这些资金以贷款的形式发放给农户，这样既降低了农户的融资成本，又提高了资金的使用效率。

(4) 金融科技的深度融合与创新应用

金融科技将在农村金融领域得到更广泛的应用。大数据、云计算、人工智能等技术将深度融入农村金融服务的各个环节，提高金融服务的精准性和个性化水平。例如，通过大数据分析，金融机构可以更准确地评估农户的信用状况和贷款需求，从而提供更符合农户实际需求的金融产品。

移动支付、互联网金融等现代科技手段将进一步提高农村金融服务的可达性和便利性，特别是在偏远地区。金融机构将通过移动银行、在线贷款审批等创新服务模式，为农户提供更加便捷的金融服务。

此外，金融科技还将助力金融机构提高风险管理能力，降低农村金融服务的风险。例如，通过人工智能技术，金融机构可以更有效地识别和预防欺诈行为，提高贷款的安全性。

(5) 金融服务的创新和多样化

未来的农村金融服务将更加创新和多样化。金融机构将根据农村市场的实际需求,开发出更多符合农户特点的金融产品。例如,结合农业生产的季节性特点,开发出更加灵活的贷款产品,帮助农户更好地应对生产资金的波动需求。

金融机构还将更加注重服务模式的创新,如通过与电商平台、供应链企业等合作,提供综合性的金融服务解决方案。这些创新的服务模式将有助于金融机构更好地满足农村客户的多元化需求,提高金融服务的满意度和忠诚度。

(6) 监管体系的完善和创新

随着农村金融体系的发展,监管体系也将不断完善和创新。监管部门将加强对农村金融市场的监管,确保金融市场的稳定和公平竞争。同时,监管部门将鼓励金融机构创新,为金融机构提供更多的政策支持和发展空间。

监管体系将更加灵活和适应性强,能够及时响应市场变化和金融机构的需求。例如,监管部门可以设立专门的农村金融监管部门,负责制定和执行针对农村金融市场的监管政策和措施。

(7) 农村金融的可持续发展

在重构农村金融体系和建立长效机制的基础上,农村金融将实现可持续发展。金融机构将在追求经济效益的同时,注重社会责任和环境保护。农村金融服务将更加注重长期效益和风险控制,为农村经济的稳定发展提供持续的金融支持。

金融机构将通过发行绿色金融产品、支持可持续发展项目等方式,促进农村地区的环境保护和绿色发展。同时,金融机构还将积极参与农村社会事业,如教育、医疗、文化等领域,提高农村地区的生活质量和社会福利。

总之,我国农村金融的未来发展将是多元化、普及化、协同化、科技化、创新化和可持续化的。通过不断完善和创新,农村金融服务将更好地满足农户和农村小微企业的需求,为乡村振兴战略的实施提供坚实的金融支持。随着这些措施的实施,农村金融将在未来的发展中发挥更加重要的作用,为农村经济的繁荣和社会的全面进步做出更大的贡献。

参考文献

[1] 国务院农村综合改革工作小组办公室课题组. 建立现代农村金融制度问题研究[M]. 北京：中国财政经济出版社，2011.

[2] 中国人民银行农村金融服务研究小组. 中国农村金融服务报告2022[M]. 北京：中国金融出版社，2023.

[3] 中国银行业协会农村中小银行工作委员会. 全国农村中小银行机构行业发展报告2022[M]. 北京：中国金融出版社，2023.

[4] 陈雨露，马勇. 中国农村金融论纲[M]. 北京：中国金融出版社，2010.

[5] 张杰. 中国农村金融制度[M]. 北京：中国人民大学出版社，2010.

[6] 唐青生. 农村金融学（修订版）[M]. 北京：中国金融出版社，2019.

[7] 熊德平. 农村金融与农村经济协调发展研究[M]. 北京：社会科学文献出版社，2009.

[8] 王彬. 中国农村金融体系的功能缺陷与制度创新[M]. 北京：经济科学出版社，2011.

[9] 王信. 我国新型农村金融机构的发展特征及政策效果研究[M]. 北京：西南财经大学出版社，2011.

[10] 张龙耀,褚保金. 农村金融市场失灵与金融创新研究 [M]. 北京:科学出版社,2012.

[11] 温涛. 农村金融可持续发展的服务创新与动态竞争战略研究 [M]. 北京:北京师范大学出版社,2014.

[12] 李虹. 农村金融体系的功能缺陷与制度创新——基于重庆市农村金融实践的思考 [M]. 成都:西南财经大学出版社,2021.

[13] 申云. 农村金融反贫困创新研究:基于乡村振兴战略背景 [M]. 北京:社会科学文献出版社,2022.

[14] 王超,浮莉萍. 中国农村金融发展的多重约束及其效应研究 [M]. 北京:中国社会科学出版社,2023.

[15] 吴本健. 农村金融体系建设与县域城乡居民共同富裕 [M]. 北京:人民出版社,2024.

[16] 赵泉民,赵宏. 政府的强制性制度供给与农村金融制度变迁——以20世纪前半期中国农村合作金融建设为中心 [J]. 江苏社会科学,2009(03).

[17] 王亚飞,杨华荣,唐爽. 金融缺口、非正规金融与农村金融制度变迁 [J]. 西南大学学报(社会科学版),2009(03).

[18] 秦汉锋. 新型农村金融机构的制度变迁与演进 [J]. 中国金融,2009(23).

[19] 马润平. 我国农村金融制度变迁的新制度经济学解读 [J]. 商业时代,2010(01).

[20] 孙志娟,何惠珍. 我国农村金融体系改革的嬗变及路径选择 [J]. 学术交流,2011(09).

[21] 刘卫柏. 我国农村金融体系的改革与展望 [J]. 财经问题研究,2012(02).

[22] 向林峰,文春晖. 路径依赖还是适应性选择:我国农村金融制度演进 [J]. 江西社会科学,2013(03).

[23] 罗黎平. 农村金融服务体系改革的理论逻辑与实践反思 [J]. 求索,2016(10).

[24] 张乐柱，曹俊勇．农村金融改革：反思、偏差与路径校正［J］．农村经济，2016（01）．

[25] 何广文，刘甜．基于乡村振兴视角的农村金融困境与创新选择［J］．学术界，2018，（10）．

[26] 陈放．乡村振兴进程中农村金融体制改革面临的问题与制度构建［J］．探索，2018（03）．

[27] 李创，吴国清．乡村振兴视角下农村金融精准扶贫思路探究［J］．西南金融，2018（06）．

[28] 张洁妍，陈玉梅．乡村振兴战略背景下我国农村金融改革路径研究［J］．学习与探索，2018（12）．

[29] 温铁军，逯浩．乡村振兴的历史机遇［J］．中国金融，2019（19）．

[30] 王修华．乡村振兴战略的金融支撑研究［J］．中国高校社会科学，2019（03）．

[31] 杜鑫．我国农村金融改革与创新研究考［J］．中国高校社会科学，2019（05）．

[32] 冯兴元，孙同全，韦鸿．乡村振兴战略背景下农村金融改革与发展的理论和实践逻辑［J］．社会科学战线，2019（02）．

[33] 刘静，孙丽丽．乡村振兴战略推进背景下的农村金融体制改革研究［J］．农业经济，2019（11）．

[34] 蒋远胜，徐光顺．乡村振兴战略下的中国农村金融改革——制度变迁、现实需求与未来方向［J］．西南民族大学学报（人文社科版），2019（08）．

[35] 陆岷峰．关于乡村金融供给侧结构性改革支持乡村振兴战略研究［J］．当代经济管理，2019（10）．

[36] 刘刚．互联网供应链金融助力乡村振兴战略研究［J］．理论探讨，2019（06）．

[37] 杨晖．金融支持乡村振兴的实践、挑战和对策［J］．金融与经济，2019（02）．

[38] 刘晓东，陈江. 乡村振兴视阈下农村金融供给改革与制度创新［J］. 西南金融，2020（01）.

[39] 温涛，何茜. 中国农村金融改革的历史方位与现实选择［J］. 财经问题研究，2020（05）.

[40] 秦宇. 中小银行在乡村振兴中的作用［J］. 中国金融，2020（10）.

[41] 慕慧娟，崔巍平. 金融服务助力乡村振兴：实践、挑战及展望［J］. 西南金融，2021（04）.

[42] 李茂，王晨阳. 金融创新如何助力脱贫攻坚与乡村振兴战略深度衔接［J］. 河北学刊，2021（06）.

[43] 张林，温涛. 农村金融高质量服务乡村振兴的现实问题与破解路径［J］. 现代经济探讨，2021（05）.

[44] 王小华，杨玉琪，程露. 新发展阶段农村金融服务乡村振兴战略：问题与解决方案［J］. 西南大学学报（社会科学版），2021（06）.

[45] 赵早. 乡村振兴视域下城乡融合发展的逻辑与路径探析［J］. 学习论坛，2020（08）.

[46] 孙群力，周镖. 财政分权、农村金融服务与城乡融合水平［J］. 农村经济，2021（03）.

[47] 李麦收，司小飞. 中国共产党对农村金融改革的百年探索与启示［J］. 征信，2021（10）.

[48] 朱泓宇，李扬，蒋远胜. 发展村社型合作金融组织推动乡村振兴［J］. 农村经济，2018（01）.

[49] 周昌发. 乡村振兴战略下的农村合作金融制度改进［J］. 学科决策，2020（12）.

[50] 蒋军成，袁野. 乡村振兴战略下我国农村互助养老路径优化研究——基于乡村合作金融与养老融合的视角［J］. 广西社会科学，2021（11）.

[51] 周林洁，傅帅雄. 新时期金融服务在推进乡村振兴中的作用研究［J］. 金融发展研究，2022（02）.

[52] 彭澎，周月书. 新世纪以来农村金融改革的政策轨迹、理论逻辑与实践

效果——基于 2004 - 2022 年中央"一号文件"的文本分析 [J]. 中国农村经济，2022（09）.

[53] 王妍，孙正林. 乡村振兴背景下我国农村金融资源高效配置研究 [J]. 苏州大学学报（哲学社会科学版），2022（03）.

[54] 孟令国，陈烜. 农村金融发展和乡村振兴的耦合分析及空间溢出效应 [J]. 广东财经大学学报，2022（05）.

[55] 张红敏. 乡村振兴投融资体系的机遇、挑战与对策 [J]. 新金融，2022（10）.

[56] 张太宇，王燕红. 金融赋能脱贫攻坚同乡村振兴有效衔接的共同富裕蕴含 [J]. 江苏农业科学，2022（21）.

[57] 张海军，周胜男. 金融支持乡村振兴的国际经验与完善路径研究 [J]. 领导科学，2021（18）.

[58] 杜爽. 乡村振兴战略背景下农村金融需求及农商行服务创新问题探究 [J]. 学习论坛，2021（03）.

[59] 韦明升. 基于乡村振兴的异质性金融需求与村镇银行市场选择 [J]. 征信，2020（07）.

[60] 王亚飞，董景荣. 非正规金融演进与农村金融制度变迁的机制分析 [J]. 金融理论与实践，2018（12）.

[61] 土曙光，郭凯，兰永海. 农村集体经济发展及其金融支持模式研究 [J]. 湘潭大学学报（哲学社会科学版），2018（01）.

[62] 翟舒毅. 农村金融机构商业化改革困境及路径研究 [J]. 西南金融，2019（04）.

[63] 杨世伟. 绿色金融支持乡村振兴：内在逻辑、现实境遇与实践理路 [J]. 农业经济与管理，2019（05）.

[64] 中国农业银行广东省分行课题组，陈耀丰. 金融助推农业农村现代化的实证研究 [J]. 南方金融，2020（10）.

[65] 王小茵. 经济双循环格局下农村金融困境及系统性对策研究 [J]. 宏观经济研究，2020（09）.

[66] 辛立秋,兴思瑶. 论数字普惠金融为巩固脱贫攻坚成果与乡村振兴有效衔接赋能 [J]. 经济学管理学研究,2022(06).

[67] 陈良敏,张伟伟. 农村金融市场发展与县域产业结构升级关系研究 [J]. 价格理论与实践,2022(12).

[68] 王波,郑联盛. 绿色金融支持乡村振兴的机制路径研究 [J]. 技术经济与管理研究,2019(11).

[69] 邹一南. 农村合作金融的价值与发展 [J]. 中国金融,2020(22).

[70] 曹俊勇,张乐柱. 财政金融协同支持农村产业:效率评价、经验借鉴与启示 [J]. 西南金融,2022(08).

[71] 庄希勤,蔡卫星. 当乡村振兴遇上"离乡进城"的银行:银行地理距离重要吗?[J]. 中国农村观察,2021(01).

[72] 曹俊勇,张乐柱. 基于国际普惠金融发展经验的模式设计与案例实践 [J]. 西南金融,2020(09).

[73] 邹新阳,温涛. 普惠金融、社会绩效与乡村振兴——基于30省(区、市)的面板数据 [J]. 改革,2021(04).

[74] 弋伟伟. 普惠金融助力乡村振兴的创新路径 [J]. 人民论坛,2021(25).

[75] 陈熹,张立刚. 激发内生秩序:数字普惠金融嵌入乡村治理的路径优化 [J]. 江西社会科学,2021(10).

[76] 梁洁. 农村普惠金融供给侧改革的核心重点与路径选择 [J]. 西南金融,2021(04).

[77] 于玲燕. 乡村振兴战略视野下互联网金融发展与农村金融生态体系的构建 [J]. 农业经济,2018(06).

[78] 赵洪丹,陈丽爽. 乡村振兴战略下农村金融发展的影响因素研究——基于农村经济发展差异的视角 [J]. 价格理论与实践,2018(11).

[79] 刘玉丽,马正兵. 乡村振兴中农民转型的普惠金融支持及其福利效应 [J]. 西北民族大学学报(哲学社会科学版),2019(06).

[80] 廖红伟,杨良平. 乡村振兴背景下农村金融体系深化改革研究——基于交易成本理论视角 [J]. 现代经济探讨,2019(01).

[81] 段洪阳，王培霞，陈月. 乡村振兴背景下深化新型农村金融机构服务"三农"的信贷模式研究——基于村镇银行内部控制视角［J］. 世界农业，2019（01）.

[82] 李子君，宋光明. 农村中小金融机构在乡村振兴战略中的机遇、困境和对策［J］. 农业经济，2019（01）.

[83] 姜松，喻卓. 农业价值链金融支持乡村振兴路径研究［J］. 农业经济与管理，2019（03）.

[84] 王彦，田志宏. 如何实施金融服务乡村振兴——基于日本金融支农政策演变的经验借鉴［J］. 现代经济探讨，2020（05）.

[85] 王鹏，刘勇. 日韩乡村发展经验及对中国乡村振兴的启示［J］. 世界农业，2020（03）.

[86] 郑向阳，门超. 提升农村金融体系运行效率的政策效果测度与分析［J］. 金融理论与实践，2021（12）.

[87] 周月书，张龙耀，李祎雯. 投融资体制创新与乡村振兴——第十二届中国农村金融发展论坛会议综述［J］. 农业经济问题，2018（12）.

[88] 周孟亮. 脱贫攻坚、乡村振兴与金融扶贫供给侧改革［J］. 西南民族大学学报（人文社科版），2020（01）.

[89] 吴寅恺. 脱贫攻坚和乡村振兴有效衔接中金融科技的作用及思考［J］. 学术界，2020（12）.

[90] 廖红伟，迟也迪. 乡村振兴战略下农村产业结构调整的政策性金融支持［J］. 理论学刊，2020（01）.

[91] 张芳，康芸芸. 乡村产业振兴的金融供给——"政府－市场－社会"合作模式的探索［J］. 商业研究，2020（12）.

[92] 刘海睿. 乡村振兴战略背景下培养职业农民金融能力对策研究［J］. 成人教育，2020（04）.

[93] 唐弋夫. 乡村振兴战略实施中金融服务风险影响因素——来自长三角地区新三板农贷公司不良贷款率的经验证据［J］. 西南大学学报（自然科学版），2020（12）.

[94] 谢琳. 乡村振兴战略下农村普惠金融对农村经济的功能性分析［J］. 湖北社会科学, 2020（08）.

[95] 张宏伟, 仝红亮. 乡村振兴战略下农业产业链金融发展存在的问题及优化路径［J］. 西南金融, 2021（06）.

[96] 任海军, 王艺璇. 乡村振兴战略下的西部数字普惠金融效率测度及影响因素研究［J］. 兰州大学学报（社会科学版）, 2021（05）.

[97] 朱太辉, 张彧通. 农村中小银行数字化转型赋能乡村振兴研究［J］. 南方金融, 2022（04）.

[98] 陈蔚, 姜铁军, 张艳莹, 等. 乡村振兴背景下金融支持我国农村产业融合发展研究［J］. 新金融, 2022（07）.

[99] 张婷婷, 孟颖. 普惠金融实现乡村振兴的可持续发展模式研究［J］. 农业经济, 2022（03）.

[100] 李振邦, 岳宗园, 李卫红. 农村信用体系建设与乡村振兴的耦合探析［J］. 征信, 2022（06）.

[101] 张林, 李海央, 梁义娟. 农村金融高质量发展：水平测度与时空演变［J］. 中国农村经济, 2023（01）.

[102] 欧阳文杰, 陆岷峰. 乡村振兴背景下农村金融改革面临的现实状况与路径选择［J］. 西南金融, 2023（01）.

[103] 何佳. 我国新型农村金融体系发展战略及其完善［J］. 商业时代, 2011（25）.

[104] 黄斌, 胡晔. 基于"三化"视角的农村金融体系研究［J］. 农村经济, 2012（04）.

[105] 张峰. 基于城乡一体化的农村金融体系构建研究［J］. 商业研究, 2013（02）.

[106] 邓亚平, 高文丽, 陶珍生. 构建需求导向型农村金融体系——基于湖北农村金融调查［J］. 中国金融, 2014（10）.

[107] 潘宗英. 我国农村金融体系"三元架构"模式的创新研究［J］. 农业经济, 2015（05）.

[108] 杨贵仓. 我国农村金融体系"三元架构"模式效应分析及创新策略[J]. 改革与战略, 2015（12）.

[109] 杜婕, 万宣辰. 构建我国多层次农村金融体系的路径选择[J]. 东北师大学报（哲学社会科学版）, 2016（03）.

[110] 龙建平. 欠发达地区金融支持乡村振兴的路径选择[J]. 金融与经济, 2018（11）.

[111] 程郁. 引导金融资源向农村回流的政策性机制研究[J]. 经济纵横, 2019（11）.

[112] 李玮, 吴平. 正规、非正规金融对城乡居民消费影响差异——基于替代效应视角[J]. 西南金融, 2019（08）.

[113] 王劲屹. 我国农村金融体系独立性重构研究——基于罗尔斯正义原则[J]. 西南金融, 2019（12）.

[114] 潘妍妍, 涂文明. 破解农村金融发展不平衡不充分问题的经济逻辑与政策路径[J]. 财经科学, 2019（03）.

[115] 张文明. 中国农村金融体系演化逻辑研究[J]. 经济问题, 2019（01）.

[116] 陈东平, 丁力人. 契约理论视角下金融服务乡村振兴现实困难与实践探索[J]. 现代经济探讨, 2020（07）.

[117] 崔长彬, 潘长风, 张正河. 中国新型农村合作金融：历史镜鉴与体系架构[J]. 经济问题, 2022（02）.

[118] 郭佳莲. 农村金融支持乡村振兴战略的路径选择[J]. 西南金融, 2019（08）.

[119] 吴南. 农村金融推动乡村振兴战略发展的路径策略分析[J]. 农业经济, 2019（12）.

[120] 田杰. 新型农村金融机构、资金外流与乡村振兴[J]. 财经科学, 2020（01）.

[121] 李慧. 新时代农村金融服务体制创新研究[J]. 金融财务, 会计之友, 2020（23）.

[122] 杨依山, 王伟萍. 金融制度创新实现"乡村振兴"的机制研究[J]. 经济问题, 2020（04）.

[123] 邵晓翀,杜尔玏. 金融助力乡村振兴的现实基础、理论逻辑与实践路径[J]. 技术经济与管理研究,2021(10).

[124] 刘世佳,魏亚飞. 深化农村金融改革 助力乡村振兴发展[J]. 学术交流,2020(11).

[125] 张少宁. 商业银行服务乡村振兴的普惠路径[J]. 华南农业大学学报(社会科学版),2021(05).

[126] 雷明,于莎莎,何琳. 治理视域下全面乡村振兴的制度建设[J]. 行政管理改革,2022(06).

[127] 黎秋华. 农村金融供给保障乡村振兴的路径选择[J]. 农业经济,2022(03).

[128] 陈小萍. 实施乡村振兴战略的金融支持路径研究[J]. 价格理论与实践,2022(08).

[129] 马九杰. 健全农村金融服务体系[J]. 农业经济与管理,2023(01).

[130] 宋亚培. 金融供给创新改革支持乡村振兴战略的路径[J]. 财会通讯,2023(04).

[131] 汪小亚,赵廷辰. 构建农业强国建设的金融服务体系[J]. 中国金融,2023,(08).

[132] 杨宜周,刘春晖. 关于农村金融服务体系构建的思考——基于普惠金融视角的分析[J]. 征信,2023(05).

[133] 杜志雄,田雅群. 健全农村金融服务体系:关键领域、优化思路与着力重点[J]. 农村金融研究,2024,(05).

[134] 倪海鹭,袁磊. 乡村振兴战略下的农村信用体系建设思考——以江苏省徐州市为例[J]. 征信,2018(10).

[135] 范方志. 乡村振兴战略背景下农村金融差异化监管体系构建研究[J]. 中央财经大学学报,2018(11).

[136] 陈丹. 乡村振兴战略背景下农村金融监管体系构建研究[J]. 农业经济,2020(04).

[137] 陈明荣. 构建农村金融差异化监管体系[J]. 中国金融,2022(14).